Vorlagenmappe Kindeswohlgefährdung

Direkt einsetzbare Handlungsanweisungen, Checklisten und Formulare zur Gefährdungseinschätzung und -dokumentation nach § 8a SGB VIII

FORUM Stand August 2021

EINFÜHRUNG UND GRUNDLAGEN

Merkblatt
Begriffsbestimmungen im Kinderschutz

Einrichtung und Stempel

Kindeswohl

Obwohl „Kindeswohl" als zentraler Begriff im BGB und als Entscheidungskriterium in der familiengerichtlichen Rechtsprechung herangezogen wird, ist der Begriff nicht eindeutig definiert. Es handelt sich dabei um einen sog. **unbestimmten Rechtsbegriff,** der sich an den **Grundbedürfnissen** und **Grundrechten** von Kindern und Jugendlichen orientiert. Im Kontext der Sicherung des Kindeswohls dient dieser Begriff als Legitimation für staatliche Interventionen und ggf. als sachlicher Maßstab in familiengerichtlichen Verfahren (siehe dazu **Merkblätter Ursachen und Erscheinungsbilder einer Kindeswohlgefährdung** und **Checkliste zu Möglichen Symptomen einer Kindeswohlgefährdung**).

Die verfassungsverbürgten **Grundrechte** der Kinder bzw. Jugendlichen – die selbst Grundrechtsträger sind – besagen, dass sie Personen sind

- mit eigener Menschenwürde,
- mit dem Recht auf Leben und körperliche Unversehrtheit,
- mit dem Recht auf Entfaltung ihrer Persönlichkeit,
- die den Schutz ihres Eigentums und Vermögens genießen.

In der sozialwissenschaftlichen Literatur wird ausgehend von den sich historisch wandelnden, kulturell und ethnisch bedingten jeweiligen Menschenbildern sowie daraus abgeleiteten Kindheitsbildern auf basale Bedürfnisse von Kindern verwiesen. Als grundlegend werden in unserer heutigen Gesellschaft – gestützt durch die UN-Kinderrechtskonvention – damit sich Kinder altersgerecht entwickeln können, folgende miteinander verflochtenen Grundbedürfnisse formuliert:

- Bedürfnis nach Existenz (physiologische **Grundbedürfnisse** wie z. B. Essen, Trinken, Schlafen, Körperpflege).
- Bedürfnis nach sozialer Bindung und Verbundenheit (z. B. emotional-soziale Zuwendung durch kontinuierliche und verlässliche Bezugspersonen).
- Bedürfnis nach Wachstum (Befriedigung der Bedürfnisse nach kognitiven, emotionalen und sozialen Anregungen, z. B. durch altersgerechte Interaktion wie Zärtlichkeit, angemessenes Lob/Anerkennung, Beschäftigung, Spiel).

Kindeswohlgefährdung

Aus juristischer Sicht, gemäß der Rechtprechung des Bundesgerichtshofs, ist unter Kindeswohlgefährdung *„eine gegenwärtige, in einem solchem Maße vorhandene Gefahr, dass sich bei deren weiteren Entwicklung eine erhebliche Schädigung mit ziemlicher Sicherheit voraussagen lässt."* (BG FamRZ 1956, 350), zu verstehen.

Siehe dazu auch **Merkblätter: Erscheinungsformen einer Kindeswohlgefährdung.**

Kindeswille

Nicht selten kommt es in der Entscheidungsfindung zur Frage, inwieweit der **Kindeswille** bei Entscheidungen zur Sicherung des Kindeswohls zu berücksichtigen ist. Während es dazu in sozialwissenschaftlichen Bereichen, insbesondere in der Pädagogik und Psychologie, zu divergierenden Disputen kommt, hat das Bundesverfassungsgericht eine eindeutigere Haltung: *„Ein vom Kind auf Grund seines persönlichen Empfindens und seiner eigenen Meinung geäußerter Willen muss als Ausübung seines Rechtes auf Selbstbestimmung bei gerichtlichen Entscheidungen hinreichend Berücksichtigung finden. Hat der Kindeswille bei einem Kleinkind noch eher geringes Gewicht, so kommt ihm mit zunehmendem Alter und der Einsichtsfähigkeit des Kindes vermehrte Bedeutung zu. Nur dadurch, dass der wachsenden Fähigkeit eines Kindes zur eigenen Willensbildung und zum selbständigen Handeln Rechnung getragen wird, kann auch das mit dem Elternrecht aus Art. 6 Abs. 2 GG verfolgte Ziel, dass ein Kind sich durch die Erziehung zu einer eigenverantwortlichen und gemeinschaftfähigen Persönlichkeit entwickeln kann, erreicht werden."* (BVerfG FamRZ 2009, 1389) Freilich ist damit nicht gesagt worden, dass der Kindeswille grundsätzlich dem Kindeswohl entspricht, dennoch wurden damit Akzente gesetzt, die sich in entsprechenden Urteilen zur Sicherung des Kindeswohls wiederfinden. Im KJSG wird die Beteiligung und Beratung von Kindern und Jugendlichen (§ 8 Abs. 4 SGB VIII) und damit die Stärkung von deren Selbstbestimmung einschließlich von Beschwerdemöglichkeiten in verpflichtender Weise (§ 45 Abs. 2 SGB VIII) formuliert.

FORUM

08/21

Frühe Hilfen

Die Definition des Nationalen Zentrums Frühe Hilfen lautet:

„Frühe Hilfen zielen darauf ab, Entwicklungsmöglichkeiten von Kindern und Eltern in Familie und Gesellschaft frühzeitig und nachhaltig zu verbessern. Neben alltagspraktischer Unterstützung wollen Frühe Hilfen insbesondere einen Beitrag zur Förderung der Beziehungs- und Erziehungskompetenz von (werdenden) Müttern und Vätern leisten. Damit tragen sie maßgeblich zum gesunden Aufwachsen von Kindern bei und sichern deren Rechte auf Schutz, Förderung und Teilhabe".

Damit umfassen die Frühen Hilfen neben allgemeinen Förderangeboten (primäre Prävention) auch spezifische und aufeinander bezogene bzw. ergänzende, unterstützende Angebote und Maßnahmen (sekundäre Prävention) in multiprofessioneller Kooperation (von der Schwangerenberatung über die beratend-unterstützenden Familienhebammen, Früherkennungsuntersuchungen, Ehe- und Familienberatung bis zu konkreten spezifischen Angeboten der Jugendhilfe usw.).

Geltungsbereich der Rechtsnormen im Kinderschutz

Wenn in der Regel auch überwiegend **Kinder** in den einschlägigen Gesetzen und Bestimmungen benannt werden (Kindeswohl, Kindeswille, Kindeswohlgefährdung, Bundeskinderschutzgesetz, Kinder- und Jugendstärkungsgesetz (KJSG) usw.), so beziehen sich die jeweiligen Aussagen altersangemessen immer auch auf **Jugendliche** bis zu ihrer Volljährigkeit, also (gegenwärtig) bis zu ihrem vollendeten 18. Lebensjahr.
Diese sprachliche Ungenauigkeit mag dem Umstand geschuldet sein, dass der historisch überkommene juristische Begriff *Minderjährige* in Gesetzen bzw. Gesetzesnovellierungen heute üblicherweise (zumindest außerhalb der Jurisprudenz) nicht mehr verwendet wird. Die Bezeichnung *Minderjährige* (so z. B. im BGB) erfasst(e) gleichermaßen Kinder *und Jugendliche* bis zu ihrem (jeweiligen) Volljährigkeitsalter. Gemäß § 41 Abs. 1des KJSG erhalten auch junge Volljährige geeignete und notwendige Hilfen „wenn und solange ihre Persönlichkeitsentwicklung eine selbstbestimmte, eigenverantwortliche und selbständige Lebensführung nicht gewährleistet". Die Hilfe wird i. d. R. bis zum 21. Lebensjahr gewährt, in begründeten Einzelfällen aber auch über einen begrenzten Zeitraum hinaus. Auch eine Hilfegewährung nach (zunächst) beendeter Hilfe wird nicht ausgeschlossen (§ 41 Abs. 1 SGB VIII). Gegebenenfalls wird ein Zuständigkeitsübergang auf einen anderen Sozialleistungsträger geprüft (§ 41 Abs. 3 SGB VIII). Junge Volljährige werden künftig nach Beendigung der Hilfen bei der Verselbständigung „in einer für sie verständlichen, nachvollziehbaren und wahrnehmbaren Form beraten und unterstützt (§ 41a Abs. 1 SGB VIII).

Pseudonymisieren und Anonymisieren

Gemäß § 4 Abs. 2 KKG und § 8b Abs. 1 SGB VIII haben die Berufsgruppen, die beruflich Kontakt mit Kindern und Jugendlichen haben, die Befugnis zur Übermittlung personenbezogener Daten (s. **Leitfaden Rechtliche Rahmenbedingungen)**. Diese sind vor ihrer Übermittlung im Sinne des Sozialdatenschutzes *„zu pseudonymisieren"* (ebd.), nicht aber zu anonymisieren.
Pseudonymisieren bedeutet *„das Ersetzen des Namens und anderer Identifikationsmerkmale durch ein Kennzeichen zu dem Zweck, die Bestimmung des Betroffenen auszuschließen oder wesentlich zu erschweren".* (§ 3 Abs. 6a BDSG – Bundesdatenschutzgesetz)
Die Daten sollen jedoch **nicht anonymisiert** werden, also das derartige *„Verändern personenbezogener Daten"* [...], *„dass die Einzelangaben über persönliche oder sachliche Verhältnisse nicht mehr oder nur mit einem unverhältnismäßig großen Aufwand an Zeit, Kosten und Arbeitskraft einer bestimmten oder bestimmbaren natürlichen Person zugeordnet werden können".* (§ 3 Abs. 6 BDSG)

Leitfaden
Abwägungsgebot bei Kindeswohlgefährdung

Einrichtung und Stempel

Vorrang des Kindeswohls gemäß der UN –Kinderrechtskonvention

In der UN-Kinderrechtskonvention wurde der Vorrang des Kindeswohls formuliert:

„Bei allen Maßnahmen, die Kinder betreffen, gleichviel ob sie von öffentlichen oder privaten Einrichtungen der sozialen Fürsorge, Gericht, Verwaltungsbehörden oder Gesetzgebungsorganen getroffen werden, ist das Wohl des Kindes ein Gesichtspunkt, der vorrangig zu berücksichtigen ist". (Artikel 3 Abs.1)

Dieses Vorrangigkeitsprinzip der UN-Kinderrechtskonvention kollidiert jedoch nicht mit den grundrechtlich geschützten Elternrechten, da dieses Prinzip **ein Gesichtspunkt** ist, der zu beachten ist, und insofern auch weitere Gesichtspunkte von Gewicht sind (so das Erziehungsprimat der Eltern, siehe **Leitfaden Rechtliche Rahmenbedingungen).**

Verhältnismäßigkeitsprinzip

Bei allen Entscheidungen, die das Kindeswohl betreffen, muss deshalb die immer notwendige Einzelfallprüfung nach den Grundsätzen des **geringstmöglichen Eingriffs** und der **Verhältnismäßigkeit** der erwogenen Maßnahmen des Jugendamtes bzw. der familiengerichtlichen Entscheidungen erfolgen.

Abwägungsgebot

Aus dem Gebot der Verhältnismäßigkeit leitet sich das **Abwägungsgebot** ab.

In einem **ersten Schritt**

- muss stets erwogen werden, welche **positiven** und **negativen Folgen** die anstehende Entscheidung für das Kind hat,

und in einem **zweiten Schritt** müssen

- die Erwägungen in einem hohem Maße darauf gerichtet werden, inwieweit das **Kindeswohl** durch die im ersten Schritt erwogenen Maßnahmen bzw. Entscheidungen gesichert werden kann.

Der Abwägungsprozess zum Schutz des Kindes bzw. Jugendlichen ist also entsprechend der o. g. Schrittfolge zu **gewichten,** um daraus abzuleiten, ob eine familienrechtlich erwogene Einschränkung der Personensorge *geeignet, erforderlich* und im Verhältnis zum grundrechtlich geschützten Elternrecht und dem Vorrang **öffentlicher Hilfen** *angemessen* ist.

Hilfreich ist dabei, wie bei der sog. Risikoeinschätzung für das Kind bzw. Jugendlichen, die Beantwortung der Frage, ob es sich um die

- **Nicht-Gewährleistung** einer dem Wohl des Kindes oder Jugendlichen entsprechenden Situation und/oder Erziehung handelt und für die im Regelfall Hilfen zur Erziehung nach § 27 ff. SGB zu deren Abwehr (zunächst) weiterhin oder erstmalig ausreichend sind

  oder ob es sich um eine

- tatsächliche massive **Gefährdung des Kindeswohls** handelt, bei der die o. g. unterstützenden Maßnahme erfolglos geblieben sind, weil sie nicht geeignet waren oder wirkungslos blieben, weil beispielsweise die Eltern nicht bzw. nicht ausreichend gewillt oder in der Lage sind, die gefährdende Situation und/oder ihre Erziehung zu verändern.

Folgen aus der Nichtbeachtung des Abwägungsgebots

Die mangelnde Beachtung und/oder gar Nichtberücksichtigung des Verhältnismäßigkeitsprinzips und des daraus abgeleiteten Abwägungsgebots ist in familiengerichtlichen Verfahren ein **Verfahrensfehler** und macht dieses anfechtbar!

Leitfaden
Rechtliche Rahmenbedingungen für den Kinderschutz

Einrichtung und Stempel

Durch das Grundgesetz der Bunderepublik wird das Primat der elterlichen Erziehung hervorgehoben und genießt besonderen Schutz vor staatlichen Eingriffen.

„Pflege und Erziehung der Kinder sind das natürliche Recht der Eltern und die ihnen zuvörderst obliegende Pflicht". (Art. 6, Abs. 2, Satz 1 GG) Dieses verfassungsmäßig verbürgte Recht gewährt den Eltern ein Abwehrrecht gegen staatliche Eingriffe in ihre Erziehung in der Annahme, *„dass in aller Regel den Eltern das Wohl ihrer Kinder mehr am Herzen liegt als irgendeiner anderen Person oder Institution".* (BVerfGe 59, 360, 376,61, 358, 371)

Kinder und Jugendliche haben Anspruch auf staatlichen Schutz.

Wenn die Eltern die **Grundrechte** ihrer Kinder jedoch **missachten** und sich damit ihrer Elternverantwortung entziehen bzw. ihren elterlichen Pflichten nicht nachkommen und ihre Kinder gefährden bzw. bestehende **Gefährdungen nicht abwenden können** oder **wollen,** hat das Kind oder der Jugendliche Anspruch auf den **Schutz des Staates.** Der Staat hat in dieser Hinsicht ein sog. „Wächteramt". Insofern ist die staatliche Gemeinschaft befugt, die Eltern bei der Ausübung ihrer Erziehung zu überwachen und ggf. in ihre Rechte einzugreifen (Art. 6, Abs. 2, Satz 2, Abs. 3 GG).

Das Erziehungsprimat der Eltern endet dort, wo das Kindeswohl gefährdet wird.

Der Eingriff in die elterlichen Rechte ist allerdings gemäß dem GG (Art. 6, Abs. 3) nur auf der Grundlage eines Gesetzes (Bürgerliches Gesetzbuch: §§ 1666, 1666a BGB) nach einer familiengerichtlichen Entscheidung möglich.

Nach § 1666 BGB kann das Familiengericht die zur Abwendung einer Gefahr für das Kind/den Jugendlichen erforderlichen Maßnahmen treffen, wenn die in § 1666 BGB benannten Voraussetzungen erfüllt sind. Dies ist der Fall, wenn das *„körperliche, geistige oder seelische Wohl des Kindes oder sein Vermögen gefährdet ist und die Eltern nicht gewillt oder in der Lage sind, die Gefahr abzuwenden"* (Abs. 1).

Dabei ist das Gericht dem Prinzip der **Verhältnismäßigkeit** verpflichtet. Das heißt, dass die Maßnahmen zum Schutz des Kindes bzw. Jugendlichen *geeignet, erforderlich* und im Verhältnis zum grundrechtlich geschützten Elternrecht *angemessen* sein müssen.

Die angeordneten Maßnahmen müssen die Situation des Kindes objektiv verbessern und bezogen auf die Elternrechte das „mildeste" Mittel sein. Daraus folgt, dass im **Regelfall** alle Maßnahmen darauf ausgerichtet sein müssen, die Eltern (wieder) in die Lage zu versetzen, ihrer Elternverantwortung nachzukommen (§ 1666a BGB). Dementsprechend haben die Eltern *„Anspruch auf Hilfe zur Erziehung, wenn eine dem Wohl des Kindes oder Jugendlichen entsprechende Erziehung nicht gewährleistet ist und die Hilfe für seine Entwicklung geeignet und notwendig ist."* (§ 27 SGB VIII)

Der Eingriff in das elterliche Personensorgerecht ist durch das Familiengericht nur zulässig, wenn zumindest eine der vier im Abs. 1 des § 1666 BGB genannten Gefährdungen vorliegt (körperliches, geistiges, seelisches Wohl bzw. unzureichende Vermögenssorge). Außerdem müssen die Eltern *„nicht gewillt oder in der Lage (sein), die Gefahr abzuwenden",* **obwohl ihnen öffentliche Hilfen** gewährt wurden bzw. die Gefahrenabwendung für die Kinder auf diese Weise nicht ausreicht (§ 1666a BGB). Eine etwaige Schuldfrage wird hierbei nicht gestellt, es geht in den familiengerichtlichen Verfahren ausschließlich um die Kindeswohlsicherung. Anders sieht es bei einer etwaigen strafrechtlichen Verantwortung der Eltern, etwa bei körperlicher Misshandlung, sexuellem Missbrauch usw. aus, die nicht im BGB, sondern im Strafgesetzbuch (StGB) geregelt ist und ggf. in einem gesonderten Strafverfahren geahndet werden muss.

Kriterien zur familiengerichtlichen Feststellung der Kindeswohlgefährdung nach § 1666 BGB:

Folgende drei Kriterien (juristisch: Tatbestandsmerkmale) zur gerichtlichen Feststellung einer Kindeswohlgefährdung müssen erfüllt werden:

- gegenwärtig vorhandene **Gefahr** (mangelnde elementare Bedürfnisbefriedigung des Kindes/Jugendlichen nach Fürsorge, Schutz und Erziehung; zunächst unabhängig vom elterlichen Verhalten)
- erhebliche **Schädigung** (nicht nur eingetretene, sondern auch drohende erhebliche Beeinträchtigung der Entwicklung eines Kindes/Jugendlichen)
- Sicherheit der **Prognose** (juristisch: *„mit ziemlicher Sicherheit"* vorhersehbare erhebliche Beeinträchtigung, z. B. bei sexuellem Missbrauch oder einer erheblichen Vernachlässigung mit ihren kumulativen bzw. verdeckten Spätfolgen)

Mögliche familiengerichtliche Maßnahmen bei Gefährdung des Kindeswohls:

Nach § 1666 BGB Abs. 3 kann das Familiengericht insbesondere folgende gerichtliche Maßnahmen beschließen:

„1. Gebote, öffentliche Hilfen wie zum Beispiel Leistungen der Kinder- und Jugendhilfe und der Gesundheitsfürsorge in Anspruch zu nehmen,

2. Gebote, für die Einhaltung der Schulpflicht zu sorgen,

3. Verbote, vorübergehend oder auf unbestimmte Zeit die Familienwohnung oder eine andere Wohnung zu nutzen, sich in einem bestimmten Umkreis zur Wohnung aufzuhalten und zu bestimmende andere Orte aufzusuchen, an denen sich das Kind regelmäßig aufhält,

4. Verbote, Verbindung mit dem Kind aufzunehmen oder ein Zusammentreffen mit dem Kind herbeizuführen,

5. die Ersetzung von Erklärungen des Inhabers der elterlichen Sorge,

6. die teilweise oder vollständige Entziehung der elterlichen Sorge."

Ganz im Sinne des Artikels 6 GG wird im § 1666a, Abs. 2 BGB formuliert: *„Die gesamte Personensorge darf nur entzogen werden, wenn andere Maßnahmen erfolglos geblieben sind oder wenn anzunehmen ist, dass sie zur Abwendung der Gefahr nicht ausreichen."*

Inobhutnahme von Kindern und Jugendlichen:

Der Eingriff in die elterlichen Rechte ist allerdings gemäß GG (Art. 6, Abs. 3) nur auf der Grundlage eines Gesetzes (§§ 1666, 1666a BGB) nach einer familiengerichtlichen Entscheidung möglich.

Ohne familiengerichtliche Entscheidung darf das Jugendamt grundsätzlich **nicht gegen den Willen der Eltern** tätig werden, setzt also deren freiwillige Mitwirkungsbereitschaft voraus. Mit Ausnahme der Fälle, in denen die Kinder oder Jugendlichen selbst um Obhut nachsuchen oder unbegleitet nach Deutschland eingereist sind (§ 42 Abs. 1 Satz 1 Nr. 1 und 3), ist das Jugendamt *„zum Eingriff in die elterliche Sorge der Personensorgeberechtigten nur ermächtigt, wenn der Schutz des Kindes oder Jugendlichen ein Abwarten der familiengerichtlichen Entscheidung nicht erlaubt"* (Frankfurter Kommentar, SGB VIII 2014, S. 124).

Generell gilt also, wenn **„Gefahr in Verzug ist"** (z. B. bei Bedrohung „an Leib und Leben") oder eine anderweitig dringende Gefahr für das Kindeswohl besteht **und** die Entscheidung des Familiengerichts aus diesen Gründen **nicht abgewartet** werden kann, dass das Jugendamt **verpflichtet** ist, das Kind oder den Jugendlichen gemäß § 8a, Abs. 3 Satz 3, § 42 SGB VIII in Obhut zu nehmen. Diese erfolgt in der i.d.R. entweder in sog. Bereitschaftspflegestellen oder in Heimeinrichtungen der Jugendhilfe. Die Personenberechtigten sowie das Kind oder der Jugendliche sind über (rsp. während) der Inobhutnahme „unverzüglich [...] umfassend [...] in einer verständlichen, nachvollziehbaren und wahrnehmbaren Form über diese Maßnahme aufzuklären". Wenn sie der Inobhutnahme widersprechen, ist das Familiengericht durch das Jugendamt anzurufen, um eine Entscheidung *„über die erforderlichen Maßnahmen zum Wohl des Kindes oder des Jugendlichen herbeizuführen."* (§ 42 Abs. 2, Ziffer 2 SGB VIII)

Gesetz zur Stärkung eines aktiven Schutzes von Kindern und Jugendlichen – das Bundeskinderschutzgesetz (BKiSchG)

Am 1.1.2012 ist das **Gesetz zur Stärkung des Schutzes von Kindern und Jugendlichen** (Bundeskinderschutzgesetz – BKiSchG; GBBl. I, 2975) in Kraft getreten. Der **Artikel 1** dieses Gesetzes beinhaltet das **Gesetz zur Kooperation und Information im Kinderschutz** (KKG). Ziel dieser Rechtsnormierung ist es, vor allem Kleinkinder von Beginn an vor Vernachlässigung, Gewalt und Missbrauch zu schützen. Kern des Gesetzes ist der **Ausbau Früher Hilfen,** wodurch die künftige elterliche Erziehungskompetenz schon während der Schwangerschaft und in den ersten Lebensjahren des Kindes verbessert werden soll. **Familienhebammen** sollen junge Eltern im ersten Lebensjahr ihres Kindes begleiten. Alle wichtigen Akteure im Kinderschutz sollen ferner gem. § 3 KKG in verbindlichen **lokalen Netzwerken** zusammengeführt werden. Auch wurde die Weitergabe von Informationen durch berufliche Geheimnisträger bzw. zum Sozialdatenschutz verpflichtete Amtsinhaber bei Kindeswohlgefährdung geregelt (Gesundheits- und Sozialämter, Polizei, Kinder- und Jugendeinrichtungen, Schulen usw.).
Weiterhin finden sich im **Artikel 2** des BKiSchG Änderungen des § 8a bzw. Neueinfügungen (§ 8b) im SGB VIII, bezogen auf die **Kinderschutzaufgaben des Jugendamtes.** Intention des Gesetzes ist u. a., die Zusammenarbeit der Jugendämter untereinander zu verbessern. Die sich aus dem sog. „Jugendamts-Hopping" ergebende Gefahr des **Informationsverlustes** soll dadurch unterbunden werden, dass die Jugendämter verpflichtet werden, beim Umzug von Familien dem neuen Jugendamt alle notwendigen Informationen weiterzuleiten. Außerdem haben die Jugendämter die Pflicht, Hausbesuche durchzuführen, wenn dies nach fachlicher Einschätzung erforderlich ist und der Schutz des Kindes dadurch nicht infrage gestellt wird (etwa bei Verdunklungsgefahr, Verbringung von Kindern ins Ausland).

Spannungsfeld zwischen Datenschutz und Kindesschutzinteressen:

Im § 4 Abs. 2 des o. g. genannten BKiSchG ist geregelt, dass Berufgeheimnisträger/-innen bzw. Amtsinhaber/-innen mit besonderer Verpflichtung zum Sozialdatenschutz (z.B. Lehrkräfte) die **Befugnis** haben, bei gewichtigen Anhaltspunkten für die Gefährdung des Kindeswohls **Informationen** an die „Insoweit erfahrene Fachkraft" und das Jugendamt **weiterzugeben.** Benannt sind im Abs.1 des Gesetzes neben Ärzt(inn)en, Psycholog(inn)en, Berater(inne)n, Sozialpädagog(inn)en und u. a. auch **Lehrerinnen und Lehrer.**
Werden solchen Geheimnisträgern *„in Ausübung ihrer beruflichen Tätigkeit gewichtige Anhaltspunkte für die Gefährdung des Wohls eines Kindes oder eines Jugendlichen bekannt, so sollen sie mit dem Kind oder Jugendlichen und den Personensorgeberechtigten die Situation erörtern und, soweit erforderlich, bei den Personensorgeberechtigten auf die Inanspruchnahme von Hilfen hinwirken, soweit hierdurch der wirksame Schutz des Kindes oder Jugendlichen nicht in Frage gestellt wird".* (§ 4 (1) KKG) Diese Berufsgruppen haben zur Einschätzung der Kindeswohlgefährdung *„Anspruch auf Beratung durch eine insoweit erfahrene Fachkraft. Sie sind zu diesem Zweck befugt, dieser Person die dafür erforderlichen Daten zu übermitteln; vor einer Übermittlung der Daten sind diese zu pseudonymisieren"* (§ 4 (2) KKG).
Scheitern die **eigenen Unterstützungsbemühungen** zur Abwendung der Kindeswohlgefährdung und halten die genannten Berufsgruppen das Tätigwerden des Jugendamts deshalb für notwendig, so sind *„sie befugt, dem Jugendamt die erforderlichen Daten mitzuteilen"* (§ 4 (3) KKG). Falls der wirksame Schutz des Kindes oder Jugendlichen nicht infrage gestellt wird, gilt auch hier, dass die Betroffenen vorher darüber in Kenntnis zu setzen sind (s. o. Anmerkung zum Hausbesuch). Nunmehr ist im § 4KKG Abs. 3 jedoch geregelt, dass die o. g. Berufsgeheimnisträger(innen) „unverzüglich das Jugendamt informieren sollen, wenn nach deren Einschätzung eine dringende Gefahr für das Wohl des Kindes oder Jugendlichen das Tätigwerden des Jugendamtes erfordert."
Zudem soll nunmehr das Jugendamt gem. § 4 Abs. 4 KKG sowie § 64 Ab. 4 KJSG der Person, welche das Jugendamt informiert hat, „zeitnah eine Rückmeldung geben, ob es gewichtige Anhaltspunkte für die Gefährdung des Wohl des Kindes oder Jugendlichen bestätigt sieht und ob es zum Schutz des Kindes oder Jugendlichen tätig geworden ist oder noch tätig ist", soweit dadurch des wirksame Schutz nicht infrage gestellt wird.
Da Bildung Länderangelegenheit ist, finden sich in den Schulgesetzen (SchG) der jeweiligen Bundesländer entsprechende gesetzliche Regelungen und Dienstanweisungen zum Umgang mit Kindeswohlgefährdungen. Gemäß KJSG § 8a Satz 2 Nr. 2 wird nunmehr die Beteiligung von Berufsgeheimnisträgern („in geeigneter Weise") bei der Gefährdungseinschätzung formuliert, wenn von diesen Daten an das Jugendamt über Kindeswohlgefährdung übermittelt wurden. Mit der Überwindung von Systemgrenzen und den damit bisher mitunter einhergehenden Informationsverlusten, sollen auch breitere Erkenntnisgrundlagen für das Fallverstehen geschaffen werden.
Bisher waren die Aufgaben der Schulsozialarbeit rechtlich (unscharf) unter dem § 13 „Jugendsozialarbeit" abgedeckt. Der nunmehrige § 13a KJSG „Schulsozialarbeit" regelt die Zusammenarbeit der Träger der Schulsozialarbeit mit den Schulen und verweist auf landesrechtliche Vorschriften.

Generell gilt bundesweit:
Nach § 13 StGB können sich Lehrkräfte strafbar machen, wenn sie eine Handlung unterlassen und die Schülerin/der Schüler deshalb in einem durch das Strafrecht geschützten Rechtsgut verletzt wird (z. B. Körperverletzung, sexueller Missbrauch). Dies ergibt sich rechtlich daraus, dass die Lehrkraft eine sog. **Garantenstellung** gegenüber den ihr anvertrauten Schülerinnen und Schülern hat.
Zumeist findet sich in den SchG, dass die Lehrkraft gem. § 4 KKG eine sog. „Offenbarungsbefugnis" gegenüber der legitimierten „insoweit erfahrenen Fachkraft" und dem Jugendamt hat, die Schulleitung jedoch **verpflichtet ist,** das Jugendamt zu informieren (s. z. B. § 85 Abs. 3 SchG BW).
Anders verhält es sich bezüglich einer **Strafanzeige** bei der Polizei. Nach § 138 StGB ist „jedermann" anzeigeberechtigt bei der Polizei, wenn er/sie von bestimmten **geplanten Straftaten** (die dort genauer benannt sind) erfährt. Insofern besteht auch für Lehrkräfte **keine allgemeine Anzeigepflicht** bei den Strafverfolgungsbehörden für bereits begangene Straftaten im Zusammenhang mit Kindesmissbrauch bzw. -misshandlung oder Vernachlässigung (die im StGB in unterschiedlichen §§ verankert sind).

Bei jugendlichen Mehrfachstraftätern
und in Fällen von multiplen Problemlagen von Kindern und Jugendlichen wurde mit dem § 52 a KJSG das Instrument von Fallkonferenzen bzw. „vergleichbaren gemeinsamen Gremien" ausdrücklich aufgenommen. Diese sollen behörden- bzw. institutionsübergreifend zusammengesetzt sein, sodass je nach Problemlagen neben Jugendamt, Jugendstaatsanwaltschaft, Polizei, Gesundheitsbereich, Ausländerbehörde usw. auch der Schulbereich einbezogen werden sollte.
Das KJSG strebt als ein Reformziel die Stärkung des niedrigschwelligen Zugangs zu den Leistungen der Kinder- und Jugendhilfe an, die sich insbesondere auch auf Hilfen im unmittelbaren Sozialraum beziehen. So im § 10a KJSG auf neu einzuführende Beratung von Leistungsberechtigten zum Leistungskatalog der Jugendhilfe, aber auch andere Leistungsträger und Beratungsmöglichkeiten im Sozialraum.
Die erweiterte Fassung des § 16 KJSG zur „Allgemeinen Förderung der Erziehung in der Familie" zielt zur Unterstützung der Eltern bei der Wahrnehmung ihrer Erziehungsaufgaben auf die „Entwicklung vernetzter, kooperativer, niedrigschwelliger, partizipativer und sozialraumorientierter Angebotsstrukturen".
Dieser Gesetzeslogik niedrigschwelligen Zugangs folgen auch die Ergänzungen bzw. Erweiterungen im § 20 KJSG, wonach Eltern(teile) „Anspruch auf Unterstützung bei der Betreuung und Versorgung" ihres Kindes in „Notsituationen" haben, weil der überwiegend die Erziehungsaufgaben wahrnehmende Elternteil „aus gesundheitlichen u. a. zwingenden Gründen ausfällt" und „der familiäre Lebensraum für das Kind erhalten bleiben soll".

URSACHEN UND ERSCHEINUNGSFORMEN EINER KINDESWOHLGEFÄHRDUNG

Merkblatt
Vernachlässigung

Einrichtung und Stempel

Definition Vernachlässigung:

Als **Vernachlässigung** bezeichnet man eine wiederholte oder dauerhafte Unterlassung fürsorglichen Handelns der für die Sorge des Kindes verantwortlichen Personen, also der Eltern oder anderer autorisierter Betreuungspersonen.

Der Begriff beschreibt die **Unkenntnis oder die Unfähigkeit von Eltern**, die körperlichen, seelischen, geistigen und materiellen Grundbedürfnisse eines Kindes zu befriedigen. Dazu gehört:

- ✓ das Kind angemessen zu ernähren,
- ✓ zu pflegen und zu kleiden,
- ✓ für eine angemessene Unterbringung zu sorgen,
- ✓ für seine Gesundheit zu sorgen,
- ✓ die für eine altersgerechte Entwicklung notwendigen materiellen Ressourcen zur Verfügung zu stellen,
- ✓ das Kind emotional, intellektuell und erzieherisch zu fördern,
- ✓ dem Kind Schutz in jeder Hinsicht zu gewähren.

Kindesvernachlässigung ist im Kern eine **Beziehungsstörung,** da die betreffenden Eltern nicht in der Lage sind, eine fürsorgliche Beziehung zu ihrem Kind aufzubauen und ihre Rolle als verantwortliche Eltern auszuüben.

Familien mit vernachlässigten Kindern sind zum überwiegenden Teil Familien mit arbeitslosen Eltern, die abhängig von staatlichen Leistungen sind. Die Eltern sind oft ohne Schulabschluss und ohne Ausbildung.

In materiell gut gestellten Familien zeigt sich Vernachlässigung häufig in materieller Überversorgung bei beziehungsmäßiger emotionaler Unterversorgung der Kinder. Diese Kinder haben (materiell) alles, allerdings kein verlässliches Beziehungs-Gegenüber.

Vernachlässigung kann auf eigenen (früh-)kindlichen Mangelerfahrungen der Eltern basieren. Sie haben die Fähigkeiten, sich verantwortungsvoll um sich selbst und angemessen um ihre Kinder zu kümmern, nicht ausbilden können. Vernachlässigung kann aber auch auftreten, wenn Eltern, die ihre Kinder jahrelang gut versorgt haben, aufgrund schwieriger Lebensumstände zunehmend keine Zukunftsperspektive mehr sehen. Sie geben nach und nach auf und ziehen sich auch aus der Beziehung zu ihren Kindern zurück.

Mögliche Formen einer Vernachlässigung:

Vernachlässigung betrifft verschiedene Bereiche der Grundbedürfnisse eines Kindes:

- ✓ körperliche Vernachlässigung
- ✓ psychosoziale und emotionale Vernachlässigung
- ✓ kognitive Vernachlässigung
- ✓ unzureichende Aufsicht

Mögliche Kennzeichen körperlicher Vernachlässigung:

- ✓ erhöhte Infektanfälligkeit (z. B. häufige Atemwegserkrankungen)
- ✓ mangelhaft versorgte Krankheiten oder Verletzungen
- ✓ fehlende ärztliche Grundversorgung (z. B. Impfungen, Vorsorgeuntersuchungen des „gelben Heftes“)
- ✓ witterungsunangepasste oder unzureichende, unpassende Kleidung (in der Folge wieder häufige Infekte)
- ✓ Mangel- oder Fehlernährung (z. B. Unter- bzw. Übergewicht, gesundheitliche Mangelerscheinungen)
- ✓ verzögerte oder gestörte motorische Entwicklung
- ✓ unzureichende Körperhygiene (z. B. ungewaschene Haare, mangelnde Zahnhygiene)
- ✓ mangelhafter Pflegezustand (z. B. ungekämmte Haare, ungepflegte Finger- und Fußnägel, schmutzige, kaputte Kleidung, mangelhafte Schulsachen)

Mögliche Kennzeichen psychosozialer und emotionaler Vernachlässigung:

- ✓ Selbstunsicherheit und mangelndes Selbstwertgefühl (z. B. negative Grundeinstellung, Depressionen, Ängste, autoaggressives Verhalten)
- ✓ auffälliges Sozialverhalten (z. B. fehlende persönliche Distanz oder Kontaktunfähigkeit, unangemessene Aggressivität)
- ✓ mangelnde Empathie
- ✓ Hyperaktivität, Unruhe und Konzentrationsschwäche oder Interesselosigkeit und Apathie
- ✓ Ess-Störungen (z. B. Schlingen, kein Sättigungsgefühl, Horten von Lebensmitteln)
- ✓ Störungen des Wach- und Schlaf-Rhythmus, Schlafstörungen, Albträume
- ✓ Eltern begegnen ihrem Kind mit Kälte und Abweisung (falls beobachtbar) oder machen es in der Öffentlichkeit „schlecht", stellen es bloß.

Mögliche Kennzeichen kognitiver Vernachlässigung:

- ✓ Sprachprobleme (z. B. fehlendes Sprachvermögen)
- ✓ nicht altersgemäßes Verständnis (z. B. Schwierigkeiten, das Gehörte, Gesehene und Erlebte sprachlich wiederzugeben bzw. Sprachbotschaften zu entschlüsseln)
- ✓ unangemessenes Spielverhalten
- ✓ Anzeichen mangelnder Umweltanreize (nichts kennen – nichts wissen) ODER
- ✓ Überflutung mit (unangemessenen) Reizen (z. B. zu hoher oder altersunangepasster Medienkonsum, zu „strammes" Freizeitprogramm)
- ✓ Wahrnehmungsstörungen
- ✓ Eltern wiegeln angesprochene Defizite ab oder zeigen sich nicht einsichtig in erkanntem Förderungs- oder Erziehungsbedarf des Kindes.

Mögliche Kennzeichen unzureichender Aufsicht:

- ✓ Kind bleibt altersunangemessen allein zu Hause, auch längerfristig.
- ✓ Kind ist allein draußen (im Straßenverkehr) unterwegs, „treibt sich herum", auch abends.
- ✓ Kind bleibt unangekündigt dem Kindergarten, der Schule (öfter oder längerfristig) fern.
- ✓ Eltern zeigen sich (wiederholt) „erstaunt" über aufgefallene Nichtbeaufsichtigung.

Risiko- und Belastungsfaktoren:

Vernachlässigung resultiert aus bestimmten **Risiko- bzw. Belastungsfaktoren** in der Familie des Kindes:

- ✓ akute Probleme (z. B. Suchtkrankheiten, psychische Probleme)
- ✓ psychische Krisen einer Familie (z. B. Trennung/Scheidung oder wechselnde Partnerbeziehungen, häufiger Streit der Eltern, Gewalttätigkeiten, Straffälligkeiten)
- ✓ fehlende Erziehungskompetenz der Eltern (z. B. Gewalterfahrungen in der eigenen Kindheit)
- ✓ geringer Bildungsstand (z. B. Unkenntnis über Pflege, Erziehung und Entwicklung von Kindern)
- ✓ wirtschaftliche Krisen einer Familie (z. B. Arbeitslosigkeit, sehr geringes Einkommen, Schulden)
- ✓ Defizite im Lebensumfeld (z. B. schlechte Wohnverhältnisse, fehlende Unterstützungsstrukturen)
- ✓ Belastungen, die sich aus der Lebensgeschichte des Kindes ergeben (z. B. Unerwünschtheit des Kindes, Krankheiten, Behinderung)
- ✓ **Sonderform materiell gut gestellter Familien:** kaum Zeit für Kinder und Familie, Beruf und damit verbundener Stress haben oberste Priorität

Das Zusammentreffen mehrerer dieser Faktoren kann auch bei „normalen" Familien zu einer schleichenden Überforderungssituation führen, aus der heraus sich eine Kindesvernachlässigung entwickeln kann.

Bewertung möglicher Kennzeichen:

Die **Bewertung der möglichen Kennzeichen** der Vernachlässigung unterliegt kulturellen und gesellschaftlichen Sichtweisen und Lebensstilen. Es ist schwierig, die Grenzen zwischen der modernen Vielfalt von Lebens- und Erziehungsentwürfen und interventionsbedürftiger Vernachlässigung zu finden:

- ✓ Wie schmutzig darf ein Kind sein, bevor man von körperlicher Vernachlässigung spricht?
- ✓ Wie viel Freiraum von elterlicher Aufsicht brauchen Kinder, bevor man von Vernachlässigung der Aufsicht spricht?
- ✓ Wie viel und welche Kritik braucht ein Kind, bevor man von emotionaler Vernachlässigung spricht?
- ✓ Wie viel Geduld ist der individuellen Entwicklung zu gewähren, bevor man von kognitiver Vernachlässigung spricht?

Merkblatt Erziehungsgewalt und Misshandlung	Einrichtung und Stempel

Erziehungsgewalt und Misshandlung unterscheiden sich im Schweregrad der gewalttätigen Handlung und in der die Handlung auslösenden Motivation.

Erziehungsgewalt

Als Erziehungsgewalt bezeichnet man leichte Formen der physischen und psychischen Gewalt an einem Kind. Sie sind erzieherisch motiviert, sollen also erzieherische Erwartungen durchsetzen bzw. den Erwartungen zuwider laufendes Verhalten bestrafen. Dabei ist zugefügter körperlicher oder seelischer Schmerz durchaus beabsichtigt. Trotz des Rechts von Kindern auf eine gewaltfreie Erziehung und des ausdrücklichen gesetzlichen Verbotes körperlicher Bestrafung von Kindern erfahren diese Erziehungsmittel immer noch weitgehende Toleranz nach dem Motto: „Ein Klaps hat noch niemandem geschadet".

Erziehungsgewalt findet überwiegend in Familien statt, die überhöhte Leistungs- und Verhaltensanforderungen an ihre Kinder haben und/oder in denen die Eltern selbst in ihrer Kindheit mit physischer und psychischer Gewalt erzogen wurden.

Weiterhin gesellschaftlich toleriert sind bestimmte Handlungen, die bei Kindern zu körperlichen Schäden führen können, wie religiöse und kulturelle Bräuche (z. B. Beschneidungen), körperlich schädigende Tätigkeiten (z. B. Leistungssport) und die Verabreichung von Medikamenten zur Erhöhung der Leistungsfähigkeit oder zur „Korrektur" sozial auffälligen Verhaltens (z. B. der Wirkstoff Methylphenidat wie in Ritalin, trotz umstrittener Diagnose).

Kindesmisshandlung

Als **Kindesmisshandlung** im Gegensatz zur Erziehungsgewalt bezeichnet man die gewaltsame Schädigung von Kindern durch Eltern oder andere Personen.

Der Begriff beschreibt die **physische Gewalteinwirkung** durch Erwachsene auf ein Kind. Sie umfasst damit alle gewaltsamen Handlungen aus bewusstem Erziehungskalkül („Prügelstrafe") oder aus emotionalem Kontrollverlust in zugespitzten Stresssituationen (Wutausbruch mit Gewaltanwendung). Die Schädigung des Kindes ist dabei beabsichtigt oder mindestens bewusst in Kauf genommen.

Misshandlung umfasst alle Handlungen, die bewusste oder billigend in Kauf genommene oder durch Unterlassung (Verweigerung von Hilfe/ärztlicher Versorgung) ausgelöste Schädigungen herbeiführen. Zudem gilt nicht erst die eingetretene Schädigung als Misshandlung, sondern schon eine drohende Schädigung.

Gewalt tradiert sich – die meisten misshandelnden Eltern haben als Kinder selbst Gewalt erfahren (und damit auch „gelernt"). Sie haben in ihrer Kindheit nicht erfahren, wie Stresssituationen, Konflikte und starke Wut- und Hilflosigkeitsgefühle gewaltfrei gehandhabt werden können, und greifen auf das zurück, was sie kennen.
Körperliche Misshandlungen sind an keine Altersstufe gebunden – Säuglinge, Kinder wie Jugendliche können betroffen sein.

Folgen der Misshandlungen sind neben den körperlichen Beschädigungen
- ✓ vermindertes Selbstwertgefühl
- ✓ Störungen des Vertrauens in Erziehungspersonen
- ✓ Störungen des Sozialisationsprozesses: Gewalt ist legitimes erzieherisches Bestrafungsmittel, Gewalt ist Konfliktlösungsstrategie

Misshandlungsformen können sein:
- ✓ einzelne Schläge mit der Hand
- ✓ Prügeln
- ✓ Festhalten
- ✓ Einklemmen
- ✓ Verbrühen
- ✓ Verbrennen
- ✓ hungern oder dursten lassen
- ✓ Unterkühlen
- ✓ Beißen
- ✓ Würgen
- ✓ gewaltsamer Angriff mit Riemen, Stöcken, Küchengeräten und Waffen

Emotional/psychisch sind Misshandlungen eng gekoppelt an Angst, Scham, Demütigung, Erniedrigung und Entwürdigung.

Mögliche Kennzeichen von körperlicher Misshandlung:

- ✓ Blutergüsse, v. a. an ungewöhnlichen Körperstellen
- ✓ Abschürfungen und andere Hautverletzungen
- ✓ Hauteinblutungen durch Strangulationen
- ✓ Schnitt- und Bissverletzungen
- ✓ Verbrühungen und Verbrennungen
- ✓ Knochenbrüche
- ✓ Quetschungen
- ✓ Kopfverletzungen
- ✓ Innere Verletzungen
- ✓ Vergiftungen

Einen besonderen Stellenwert hat das **„Schütteltrauma"** bei Säuglingen und Kleinkindern, die von Erwachsenen heftig (auch nur kurz!) geschüttelt werden. Überwiegender Auslöser des Schüttelns ist das Schreien des Kindes, dessen Grund die Eltern nicht erforschen und das die Eltern nicht in der Lage sind zu stoppen. Sie geraten damit in eine Hochstresssituation. Das Gehirn des Kindes wird durch die starke Kopfbewegung gegen die Schädeldecke geschlagen und erleidet irreparable Schädigungen. Die Folge können schwerste Behinderungen bis hin zu Atemstillstand und Tod sein.

Münchhausen-Stellvertreter-Syndrom

Weitere besondere Beachtung gilt dem **Münchhausen-Stellvertreter-Syndrom**. Dem Kind werden beabsichtigt krankmachende Medikamente verabreicht oder Verletzungen zugefügt, um mit ihm dann zum Arzt zu fahren und sich als besonders besorgte und fürsorgliche Eltern (zumeist Mütter) zu zeigen. Die berichteten Ursachen der Krankheiten/Verletzungen sind erfundene Lügengeschichten über Unfälle etc.

Auch hier liegt eine Kindesmisshandlung vor. Die gesundheitsinvasiven Handlungen beschädigen ein Kind u. U. schwer und wiederholend.

Psychologisch steht dahinter die Aufwertung der Eltern als besonders „gute" Eltern. Die Gesundheit und Unversehrtheit des Kindes wird für diese narzisstische Störung der Eltern missbraucht.

Merkblatt
Häusliche Gewalt/Partnerschaftsgewalt

Einrichtung und Stempel

Definition häusliche Gewalt:

Häusliche Gewalt beschreibt Gewalthandlungen zwischen Erwachsenen, die in einer partnerschaftlichen oder verwandtschaftlichen Beziehung zueinander stehen.
Zu den möglichen Gewalthandlungen gehören:

- physische Gewalt (Schläge, Tritte, Würgeversuche, Verbrennungen etc.)
- psychische Gewalt (Einschüchterungen, Erniedrigungen, Kontrolle, Verbote wie Erwerbsverbot oder Kontaktverbot, Morddrohungen, Einsperren etc.)
- sexualisierte Gewalt (Zwang zu sexuellen Handlungen oder Vergewaltigungen)

Ursachen für häusliche Gewalt:

Die **Ursachen** können vielfältig sein – häufiger Anlass ist jedoch die familiäre Situation bzgl. der Kinder. Häusliche Gewalt bedeutet überwiegend Gewalt von Männern gegenüber ihren Partnerinnen im engsten familiären Schutzraum. Die häusliche Gewalt ist kein Einzelfallphänomen, sondern ein komplexes, gewachsenes (Miss-)Handlungsgebilde zur Erlangung von Macht und zum Erhalt von Kontrolle über eine andere Person. Sie ist zielgerichtet und folgt einer bewussten Willensentscheidung des Täters.

Häusliche Gewalt als Kindeswohlgefährdung:

Häusliche Gewalt ist unabhängig von ihren Ursachen und unabhängig von ihrer Form immer auch eine Kindeswohlgefährdung. Die Kinder werden in **vielfältiger Weise** in Mitleidenschaft gezogen:

- ✓ **Vergewaltigung führt zu einer Schwangerschaft:** Für die Mutter wird das Kind immer eine Erinnerung an die Gewaltsituation sein. Das bleibt für alle spürbar und belastet die Beziehung. Gewalt gehört in diesen Familien latent immer zum Leben.
- ✓ **Misshandlungen während der Schwangerschaft:** Die Folge können Schwangerschaftskomplikationen oder gesundheitliche Schädigungen des ungeborenen Kindes sein.
- ✓ **Atmosphäre der Gewalt:** Die Kinder sehen, wie die Mutter geschlagen oder vergewaltigt wird. Sie hören, wie der Vater schreit, die Mutter wimmert, und sie spüren den Zorn und die Angst – ihre eigene, die der Mutter, die der Geschwister. Die Kinder erleben Demütigung, Vernachlässigung, Erpressung und Bedrohung. Sie erleben Macht (des Misshandelnden) und Ohnmacht (der Misshandelten). Die Gewaltatmosphäre führt zu der Angst, der Vater töte die Mutter, mit der Folge, die Mutter und die Geschwister beschützen zu müssen, dabei aber ohnmächtig zu sein. Das Nicht-beschützen-Können führt zu starken Schuldgefühlen.
- ✓ **Gewalterfahrung durch Mit-geschlagen-Sein:** Kinder stellen sich zum Schutz der Mutter zwischen sie und den schlagenden Partner oder die Mutter nimmt das Kind auf den Arm, um so einen drohenden Angriff zu verhindern.

Folgen häuslicher Gewalt auf die Entwicklung eines Kindes:

Psychische Folgen für die Kinder in einer Situation häuslicher Gewalt sind:

- Vernachlässigung ihrer Bedürfnisse
- fehlende elterliche Erziehungs- und Fürsorgekompetenz
- Verlust von Geborgenheit und Sicherheit

daraus resultierend

- Entwicklungsstörungen
- Einnässen
- Schulschwierigkeiten
- Identitätsstörungen (Rollenbilder von Gewaltausübenden und Gewalterfahrenden)
- Aggressivität
- Störungen in der Ausbildung von Beziehungs- und Konfliktlösungskompetenzen
- Schlafstörungen
- Konzentrationsstörungen
- Ängstlichkeit, Misstrauen, überangepasstes Verhalten

Sonderform der häuslichen Gewalt:

Eine besondere Form der häuslichen Gewalt stellen **eskalierte Trennungs- und Sorgerechtskonflikte** dar. Die Konflikte gehen vordergründig um das Wohl des Kindes. Die Eltern beschuldigen sich dabei gegenseitig, Schuld an der Trennung und allen negativen Folgen zu haben. Die Kinder werden als Verbündete gegen den ehemaligen Partner missbraucht. Die hintergründige Motivation dieser Konflikte ist die Rache für unverarbeitete eigene Kränkungs- und Wutgefühle im Zusammenhang mit der Trennung und der Kampf um das eigene verletzte Selbstwertgefühl. Die Kinder werden nicht mehr als schutzbedürftige Kinder wahrgenommen, sondern als Waffe gegen den ehemaligen Partner instrumentalisiert und damit in für sie unerträgliche Loyalitätskonflikte zwischen den Elternteilen gestürzt.

Trennungen stellen für Kinder immer eine hochbelastende Situation dar, die gravierende Auswirkungen auf das Selbstwertgefühl und die Entwicklung von Beziehungs- und Konfliktlösungskompetenzen hat.

Reagieren Kinder mit Irritationen (mit anderen Worten: reagieren sie mit einer normalen Reaktion auf eine unnormale Situation), interpretieren zerstrittene Elternteile das schnell als eine dem ehemaligen Partner schuldhaft anzulastende Verantwortung. Dies kann Monate/Jahre nach einer Trennung andauern und durch ständiges Thematisieren im Zusammenhang mit jedem Besuch zu einer dauerhaft schädigenden Lebenssituation werden.

Merkblatt
Emotionale Gewalt

Einrichtung und Stempel

Definition emotionale Gewalt:

Der Begriff der emotionalen Gewalt beschreibt alle elterlichen Äußerungen und Handlungen, die das Kind herabsetzen, entwürdigen, ihm das Gefühl umfassender Ablehnung oder der eigenen Wertlosigkeit vermitteln oder es isolieren. Meist entsteht sie durch die Kombination überzogener Erwartungen an das Kind gekoppelt mit mangelnder Erziehungskompetenz und den Erfahrungen einer eigenen emotional mangelhaften Kindheit.

Abgrenzung emotionale Gewalt und häusliche Erziehungsmethoden:

Schwierig ist in diesem Zusammenhang eine Grenzziehung zwischen weitgehend tolerierten und verbreiteten Erziehungsmethoden, die auf psychischen Druck aufbauen wie z. B. Liebesentzug, Hausarrest, Taschengeldentzug, Verbot des Treffens mit Freunden und emotional beschädigendem Verhalten. Die o. g. Erziehungsmethoden sind – trotz ihrer weitgehenden Akzeptanz – als grenzwertig zu beurteilen; emotionale Bestrafung und psychischer Druck sind nicht geeignet, eine gesunde seelische Entwicklung zu gewährleisten. Je nach Persönlichkeit des Kindes kann psychischer Druck aus erzieherischen Gründen schädigende Auswirkungen haben. Kinder brauchen z. B. die unverhandelbare Sicherheit, immer und unter allen Umständen geliebt und anerkannt zu sein. Diese Liebe auch nur kurzzeitig zu entziehen oder mit ihrem Entzug zu drohen, kann ein Kind in seinem Vertrauen erschüttern. Ebenso ist die verbreitete Methode, dem Kind (nur) die zu korrigierenden Seiten seines Verhaltens und Handelns aufzuzeigen, in der gut gemeinten Absicht, dem Kind eine Orientierung zu geben, grenzwertig. Kinder brauchen starke positive Rückmeldungen, um sich gesund zu entwickeln. Die Grenze zur emotionalen Misshandlung kann mit diesen Erziehungsmethoden leicht überschritten werden.

Formen emotionaler Gewalt:

Aktive Formen der emotionalen Gewalt sind:

- ✓ **Kritik:** Das Kind wird einer ununterbrochenen heftigen und herabsetzenden Kritik ausgesetzt. Es wird von den Eltern nicht anerkannt, weil die Eltern seinen Wert nur an der Erfüllung ihrer übersteigerten Erwartungen messen, die das Kind nicht erfüllen kann. Es fühlt sich wertlos und ungeliebt.
- ✓ **Einschüchterung:** Das Kind erfährt eine ständige Ängstigung und Einschüchterung durch Drohungen vonseiten der Eltern. Die Drohungen betreffen existenzielle Bedürfnisse des Kindes nach Sicherheit und Schutz.
- ✓ **Isolation:** Das Kind wird eingesperrt und von Außenkontakten ferngehalten.
- ✓ **Emotionale Vernachlässigung:** Die Bedürfnisse des Kindes nach Zuwendung und Beachtung werden dauerhaft übersehen.

Dem gegenüber sind **passive Formen** emotionaler Gewalt:

- ✓ **Überbehütung:** Die Kinder werden ununterbrochen kontrolliert und gesteuert. Sie werden vor jeder auch nur vermeintlichen Gefahr beschützt, sie dürfen keine eigenen Erfahrungen machen. Ihr Leben, ihre Bildung und Entwicklung werden bis ins Detail vorgeplant und gesteuert. Das Bild, das dem Kind vermittelt wird, ist das, in ständiger Gefahr zu sein.
- ✓ **Symbiotische Fesselung:** Das Kind wird eng an die Mutter oder den Vater gebunden und als Teil der elterlichen Persönlichkeit angesehen. Im Kind versucht die Erziehungsperson das zu verwirklichen, was an Vorstellungen für die eigene Person gewünscht und nie vervollständigt werden konnte. Das Kind muss eine bestimmte Rolle ausfüllen, für die es aber nicht geeignet ist. Das vermittelte Bild des Kindes ist das, nur für die Bedürfnisse anderer nütze zu sein.

Emotionale Gewalt festzustellen ist schwierig, vor allem wenn sie nicht direkt beobachtet wird. Die Folgen werden oft erst viele Jahre später erkennbar und äußern sich in vielfältigen Entwicklungsstörungen und -verzögerungen, für die keine organische Ursache festgestellt werden kann.

Merkmale emotionaler Gewalt:

Merkmale emotionaler Gewalt können sein:

- ✓ **Unterstellung absichtlicher Schikane:** Eltern unterstellen, das (noch kleine) Kind quäle die Eltern absichtlich mit seinem ungehorsamen Verhalten.
- ✓ **Negative Rückmeldung:** Dem Kind wird auf sein Bedürfnis, auf Handlungen bestärkende, mutmachende und orientierende Rückmeldungen zu bekommen, grundlegend negativ geantwortet. Rückmeldungen bekommt das Kind nur, wenn es korrigiert wird. Lob und positive Verstärkung finden nicht statt.
- ✓ **Bestrafungsexzess:** Fehlverhalten des Kindes, das belanglos und entwicklungsbedingt ist, reizt die Eltern zu ausufernden Bestrafungen, die Ritualform annehmen können und unter denen das Kind bei vergleichbaren Verhaltensverfehlungen immer wieder zu leiden hat.
- ✓ **Geheimhaltung:** Das Kind wird unter weiteren Drohungen zur Geheimhaltung der emotionalen Misshandlung gezwungen.

Folgen emotionaler Gewalt:

Kinder können durch emotionale Gewalt kein gesundes Beziehungsverhalten ausbilden. Sie lernen nicht, maßvoll zu sein, und sie lernen nicht, dass die Liebe zum Kind unverhandelbar ist. Sie können keine dem Fehlverhalten angemessenen, Erziehungsmethoden erfahren. Ihr ganzes soziales Gefüge gerät in Schieflage. Solche Kinder werden später zu Eltern, die ebenfalls nicht in der Lage sind, auf emotionaler Ebene Beständigkeit und Sicherheit zu bieten. Sie sind nicht in der Lage, stabile Familiensituationen zu schaffen und tradieren so ihr eigenes Trauma in die nächste Generation.

Die emotionale Gewalt wird in vielen Fällen nicht als Gewalt wahrgenommen, sondern als zwar besonders strenge, aber im Rahmen bleibende, Erziehungsmethode gesehen. Dementsprechend sehen viele Erwachsene nicht (oder sie leugnen es), dass bestimmte Lebenswege und -entscheidungen, Misserfolge in Partnerschaften oder Erziehungsprobleme ihre Wurzeln in der eigenen emotionalen Gewaltgeschichte haben.

Zusammenwirken mit anderen Gewaltformen:

Emotionale Gewalt spielt bei anderen Misshandlungsformen grundsätzlich mit eine Rolle. Körperliche Gewalt trifft nie nur den Körper, die Schläge treffen ebenso die Seele. Sexuelle Gewalt greift die psychische Unversehrtheit sogar in besonderem Maße an.

Das weitaus schwerere Trauma betrifft bei Kindeswohlgefährdungen weniger die physische als die psychische Seite.

Der Kern einer jeden Misshandlung ist immer die seelische Seite!

Einrichtung und Stempel

Merkblatt
Sexuelle Gewalt

Definition sexuelle Gewalt:

Unter **sexueller Gewalt** versteht man sexuelle Handlungen von Erwachsenen oder Jugendlichen, die an oder in Anwesenheit eines Kindes vorgenommen werden und zu deren Ausübung die Machtposition des Missbrauchenden sowie die Liebe und Abhängigkeit des Kindes ausgenutzt werden.

Dabei kommen die zumeist männlichen Täter meistens aus dem sozialen Nahraum (Familie, Nachbarschaft, Schule, Verein, Kirche etc.). Sie sind den Kindern also im überwiegenden Anteil bekannt.

Sexuelle Gewalt findet häufig im Kontext anderer Misshandlungsformen statt. Sexuelle Gewalt ist auch körperliche Gewalt, sie ist auch psychische und emotionale Gewalt, sie kann im Kontext häuslicher Gewalt stattfinden, sie kommt im Kontext von Vernachlässigungssituationen vor.

Die Kinder erfahren neben allem Erlittenen wie Schmerz, Demütigung, Scham, Angst, den Loyalitätskonflikten und der Hilflosigkeit und Ohnmacht, dass die Eltern bzw. die sie missbrauchenden Erwachsenen ihre eigenen Bedürfnisse über die der Kinder stellen. Das zur Entwicklung eines sicheren Bindungs- und Beziehungsverhaltens notwendige Vertrauen in die erzieherischen Bezugspersonen wird schwer – oft irreparabel – gestört, die Unversehrtheit und gesunde Entwicklung der Kinder werden den sexuellen Bedürfnissen der Erwachsenen geopfert.

Vernachlässigte Kinder und sexuelle Gewalt:

Vernachlässigte Kinder mit einem übersehnsüchtigen Bedürfnis nach Aufmerksamkeit und emotionaler Zuwendung, die kaum sichere Bindungen entwickeln konnten, sind deutlich gefährdeter, sexuell misshandelt oder Opfer kommerzieller sexueller Ausbeutung zu werden. Spielt sich der sexuelle Missbrauch in der Familie ab, entwickelt er sich häufig daraus, dass der zärtliche Körperkontakt mit einem Kind langsam sexualisiert wird. Das Kind wird angehalten, über die erlittene Gewalt zu schweigen, oft verbunden mit der Drohung, das Kind nicht mehr lieb zu haben. Dadurch wird das Kind in unerträgliche Loyalitätskonflikte gestürzt. Zudem steigert sich die Verlustangst ins Unermessliche.

Physische Erscheinungsformen sexueller Gewalt:

Unter die **physische** Form sexueller Gewalt fallen körperliche Handlungen, die während der persönlichen Begegnung zwischen dem Kind und dem Täter stattfinden wie:

- körperliche Belästigung
- Küssen
- das Manipulieren der kindlichen Geschlechtsorgane
- oraler, vaginaler, analer Sexualverkehr
- Veranlassung des Kindes zur Manipulation der eigenen Geschlechtsorgane
- Veranlassung des Kindes, bei der Selbstbefriedigung einer anderen Person anwesend zu sein
- Veranlassung des Kindes, eine dritte Person sexuell zu berühren

Psychische Erscheinungsformen sexueller Gewalt:

Unter die **psychische Form** sexueller Gewalt fallen nicht-körperliche Handlungen wie:

- ✓ anzügliche oder beleidigende Bemerkungen und Witze über den Körper oder die Sexualität des Kindes
- ✓ Gespräche über Sexualität, die das Kind überfordern (z. B. Schilderungen erwachsener sexueller Erfahrungen)
- ✓ Zeigen von Erotika und Pornografie

Sonderformen sexueller Gewalt:

Sexuelle Gewalt hat im Zuge der technischen Möglichkeiten durch das Internet neue Sonderformen angenommen bzw. in deren Ausmaß zugenommen. Zu diesen **Sonderformen** gehören:

- **Pornografische Ausbeutung von Kindern:** Die verübte sexuelle Gewalt wird visuell oder akustisch festgehalten, entweder rein zum eigenen „Gebrauch" oder zur kommerziellen Bereicherung, indem die Bilder/Videos verkauft oder getauscht werden.
- **Kinderprostitution:** Kinder werden zur Prostitution gezwungen oder aufgrund ihrer finanziellen Notlage (oder der ihrer Familien) in die Prostitution getrieben.
- **Sexuelle Gewalt in den neuen Medien:** Durch den permanent zur Verfügung stehenden und oft mit unzureichendem (Kinder-) Schutz versehenen Internetzugang über Smartphones und Tablets entwickelt sich ein ungeahntes Betätigungsfeld für Sexualtäter.

- Kinder „landen" ungewollt durch wenige Klicks auf pornografischen Seiten oder bekommen entsprechende Bilder/Videos zugesandt.
- Über Chatrooms und Foren bauen Sexualtäter unter falschem Namen Kontakt zu Kindern und Jugendlichen auf. Sie lenken die virtuelle Kommunikation auf sexuelle Themen und animieren die Kinder zu realen Treffen, bei denen es dann zu physischer Gewaltausübung kommt.
- Eigene Bilder, die ohne Vorahnung ins Netz gestellt oder versandt werden, werden verfälscht, indem z. B. das Gesicht des Kindes/Jugendlichen in pornografische Bilder montiert wird, oder es werden Bilder in demütigender Weise nach einer zerbrochenen Freundschaft veröffentlicht.

Auswirkungen sexueller Gewalt:

Die **Auswirkungen** sexueller Gewalt sind vielfältig:

- ✓ Beeinträchtigung der körperlichen und seelischen Entwicklung
- ✓ Beschädigung der Unversehrtheit
- ✓ Störungen in der Autonomie-Entwicklung
- ✓ Störung/Verhinderung eines altersangemessenen personal ausgerichteten Sexualverhaltens und sexueller Selbstbestimmung
- ✓ psychotraumatische Belastungsstörungen
- ✓ Ängste
- ✓ Depressionen
- ✓ geringer Selbstwert
- ✓ selbstverletzendes bzw. nach außen aggressives Verhalten

Die **Intensität und Schwere** der physischen und psychischen Schäden sind abhängig von

- ✓ dem Alter des Kindes
- ✓ der Dauer und Art/Intensität der sexuellen Misshandlung
- ✓ dem Umstand und den Folgen einer Aufdeckung
- ✓ den Möglichkeiten therapeutischer Bearbeitung

Verdachtsmomente sexueller Gewalt:

Verdachtsmomente sexueller Gewalt können sein:

- Verhaltensveränderungen
- verdächtige körperliche Befunde ohne Aufdeckung durch das Kind
- verdächtige Äußerungen des Kindes ohne weitergehende detaillierte Beschreibung
- auffällige körperliche Befunde ohne Verhaltensänderung oder Hinweise des Kindes

Sexuelle Gewalt zu **„beweisen"** ist schwierig, (medizinische) Anzeichen können sein:

- klare und detaillierte Beschreibung einer sexuellen Misshandlung durch das Kind
- entsprechende Befunde am Genital oder Anus ohne schlüssiges Unfallgeschehen
- Chlamydieninfektion
- Genital-Herpes

Sexuelle Gewalt stellt die umfassendste Form der Kindeswohlgefährdung dar, da sie alle Bereiche des Kindes umfasst – die gesamte personale Entwicklung wird beeinträchtigt und das Kind als gesamte Person wird beschädigt. Die Auswirkungen können in schwerster Form ein Leben lang anhalten und zu schweren psychischen Störungen wie Persönlichkeitsstörungen (Borderline-Syndrom) etc. führen.

Sexuelle Gewalt ist am schwierigsten festzustellen, denn auch ein Verdacht, der sich später als ungerechtfertigt herausstellt, kann die Beziehung zwischen dem Kind und dem Verdächtigten nachhaltig stören.

Die Intervention, Aufdeckung und Bearbeitung von Fällen sexueller Gewalt gehört in die erfahrenen Hände geschulter Fachleute, die ständig in selbstkritischer Reflexion ihre eigene Rolle zwischen Bagatellisierung und Aktionismus hinterfragen und sich immer wieder in professioneller Abgrenzung zu den eigenen Gefühlen, die im Zusammenhang mit den sich ihnen darstellenden Fällen auftreten, neu ausrichten.

MÖGLICHE SYMPTOME EINER KINDESWOHLGEFÄHRDUNG

Checkliste
Anzeichen einer Vernachlässigung

Einrichtung und Stempel

Was	Beobachtet	Wann	Von wem
Körperpflege			
Das Kind wirkt ungewaschen (riecht, Haare sind „fettig“)			
Es findet zu Hause kaum eine Mundhygiene statt (Kind hat Löcher in den Zähnen, Karies, braune Verfärbungen, abgebrochene Zähne etc.).			
Das Kind hat ständig durchnässte herabhängende Windeln an.			
Das Kind hat immer wieder Entzündungen und Ekzeme.			
Bei dem Kind finden sich regelmäßig Dreck- und Stuhlreste im Genital- und Gesäßbereich.			
Kleidung			
Das Kind trägt über einen längeren Zeitraum dieselbe Kleidung.			
Die Kleidung des Kindes ist kaputt oder fleckig und wird nicht ausgetauscht.			
Das Kind hat keine passende Kleidung. (Kleidung ist viel zu groß oder zu klein)			
Das Kind ist nicht witterungsgemäß angezogen.			
Benötigte Kleidung wie Sportschuhe, Hausschuhe, Gummistiefel, Regenjacke, Schneeanzug etc. werden nicht mitgegeben.			
Ernährung			
Es wird nicht auf genügend Flüssigkeitszufuhr bei dem Kind geachtet (Hautfaltentest: Angehobene Hautfalte am Bauch bleibt stehen oder verstreicht nur langsam).			
Das Kind bekommt keine regelmäßigen Mahlzeiten.			
Das Kind bekommt kein Pausenbrot/keine Brotzeit von zu Hause mit und hat kein Geld, um sich etwas zu kaufen.			
Die Mahlzeiten sind sehr einseitig (z. B. Süßigkeiten, Toastbrot etc.). Es gibt keine Abwechslung.			
Das Kind muss sich selbst um eine Mahlzeit kümmern.			
Das Kind hat selten Obst oder Gemüse dabei.			
Das Kind bringt ausschließlich Fertigprodukte mit.			

FORUM

08/21

Was	Beobachtet	Wann	Von wem
Das Kind bekommt veraltete oder verdorbene Nahrung.			
Das Kind nimmt kaum Gewicht zu.			
Das Kind wächst langsamer als gleichaltrige Kinder.			
Krankheitsfürsorge			
Die Vorsorgeuntersuchungen werden nicht regelmäßig eingehalten.			
Notwendige Impfungen werden nicht durchgeführt.			
Es finden keine regelmäßigen Zahnarztbesuche statt.			
Das Kind kommt häufig krank in die Einrichtung.			
Die Eltern gehen bei Krankheit mit dem Kind nicht zum Arzt.			
Die Eltern verweigern generell eine ärztliche Behandlung (z. B. aus religiösen Gründen).			
Entwicklungsverzögerungen werden von den Eltern nicht wahrgenommen.			
Behinderungen werden von den Eltern nicht wahrgenommen.			
Die Eltern verweigern eine therapeutische Behandlung.			
Die Eltern verweigern die Zusammenarbeit mit dem Therapeuten ihres Kindes.			
Die Eltern zeigen kein Interesse an der Förderung und Entwicklung ihres Kindes.			
Fürsorge			
Die Eltern sind aufgrund von psychischen Beeinträchtigungen oder einer Suchterkrankung nicht in der Lage, die Bedürfnisse ihres Kindes wahrzunehmen bzw. Verantwortung für ihr Kind zu übernehmen.			
Das Kind sieht zu Hause vorwiegend fern.			
Das Kind wird mit nicht altersgemäßen Filmen und Bildern konfrontiert.			
Das Kind ist viel sich selbst überlassen (spielt alleine in seinem Zimmer, auf der Straße etc.).			
Das Kind wird längerfristig ohne Aufsicht alleine gelassen.			
Die Eltern sind suchtabhängig (Alkohol, Drogen, Computer etc.).			
Es sind immer wieder, auch für längere Zeit, fremde Personen zu Besuch.			
Das Kind hat zu Hause keinen strukturierten Tagesablauf.			

Was	Beobachtet	Wann	Von wem
Das Kind hat zu Hause keine verbindlichen Regeln (das Kind kann kommen und gehen, wann es will, es kann essen, wann und was es will, etc.).			
Das Kind muss den Weg zu Kindergarten/Schule alleine bewältigen obwohl er gefährlich ist (z. B. vielbefahrene Straße o.Ä.).			
Das Wohnumfeld ist nicht kindgemäß gestaltet (z. B. ungesicherte Steckdosen, Medikamente, Alkohol, kaputtes Spielzeug und kaputte Spielgeräte, ungesicherte Treppen etc.)			
Ansprache			
Mit dem Kind wird nur wenig oder kaum gesprochen.			
Mit dem Kind wird zu Hause nicht gespielt.			
Das Kind hat zu Hause kein adäquates Spielzeug.			
Das Kind wird von den Eltern nicht umarmt, getröstet, wenn es weint oder sich verletzt.			
Das Kind erhält keine Zärtlichkeit, Lob oder Bestätigung.			
Das Kind wird von den Eltern, obwohl es sich bemerkbar macht, ignoriert.			
Die Eltern schüchtern das Kind durch Schreien oder Drohen ein.			
Das Kind erhält nur dann Zuwendung, wenn der Elternteil dies möchte.			
Persönlichkeitsentwicklung			
Das Kind hat zu Hause kaum Kontakt zu anderen Kindern oder Erwachsenen.			
Das Kind hat im häuslichen Umfeld kaum Platz um sich ausreichend zu bewegen und zu spielen (z. B. zu kleine Wohnung, das Kind liegt nur im Bett etc.).			
Das Kind hat im häuslichen Umfeld kaum (gleichaltrige) Freunde.			
Die Interessen des Kindes werden bei Angeboten nicht berücksichtigt.			
Für das Kind steht kein altersgemäßes Beschäftigungsmaterial zur Verfügung.			
Das Kind bekommt keine Grenzen gesetzt.			
Das Kind bekommt sehr enge Grenzen gesetzt mit Konsequenzen, die in keinerlei Relation stehen.			
Das Kind erhält keine Erklärungen für Regeln oder Verbote.			
Das Kind muss zu Hause Aufgaben/Rollen übernehmen, die nicht seinem Alter entsprechen (z. B. Babysitter für jüngere Geschwister, Verantwortungsübernahme für Eltern und Geschwister).			

Was	Beobachtet	Wann	Von wem
Das Kind bekommt keine Freizeitmöglichkeiten angeboten (z. B. Treffen mit Freunden, Sportverein, Musikinstrument o. Ä.).			
Das Kind muss regelmäßige verbale und aggressive Auseinandersetzungen der Eltern miterleben.			
Das Kind hat ständig wechselnde Bezugspersonen (z. B. ständig wechselnde Partner/-innen eines Elternteils) oder wird ständig von verschiedenen Personen betreut.			
Mindestens ein Elternteil ist psychisch labil und zeigt starke Stimmungsschwankungen.			
Das Kind ist oft alleine zu Hause. Es findet keine Aufsicht oder Betreuung statt.			
Das Kind wird häufig angeschrien.			
Das Kind wird körperlich gezüchtigt (siehe Checkliste Misshandlungen).			
Das Kind wird bei unerwünschtem Verhalten eingesperrt.			
Schulische Förderung			
Das Kind kommt häufig zu spät oder gar nicht zur Schule.			
Die Eltern nehmen Termine mit der Schule nicht wahr/zeigen kein Interesse (z. B. Elternabend).			
Das Kind hat zu wenig und/oder kaputte Schulsachen.			
Das Kind bekommt kein Geld für Ausflüge.			
Das Kind hat häufig z. B. seine Sportsachen nicht dabei oder sie sind unvollständig.			

Checkliste
Anzeichen einer Misshandlung

Einrichtung und Stempel

Was	Beobachtet	Wann	Von wem
Unspezifische Hinweise			
auffälliges/untypisches Verhalten der Eltern			
widersprüchliche/unglaubwürdige Angaben der Eltern zur Entstehung der Verletzungen			
Mehrfachverletzungen verschiedener Art und verschiedenen Alters			
Schwere der Verletzung passt nicht zu dem angegebenen Grund oder das Kind ist vom Entwicklungsstand her noch nicht in der Lage dazu			
häufiger Wechsel von Kinderarzt/Krankenhaus			
unverhältnismäßig langer Zeitraum zwischen Unfallhergang und Behandlungsbeginn			
Eltern behaupten, die Verletzungen seien frisch, auch wenn dies offensichtlich nicht der Fall ist			
Kind wird vor Arztbesuch noch gebadet und frisch angezogen			
überbehütendes Verhalten (vorwiegend bei der Mutter → Münchhausen-by-Proxy-Syndrom?)			
Indikatoren für Misshandlung			
Anzeichen einer Vernachlässigung (mangelhafte Körperhygiene, mangelhafte Ernährung etc.)			
sämtliche Verletzungen eines Säuglings			
altersuntypische Verletzungen			
untypische Lokalisation der Verletzungen			
mehrere Verletzungen in unterschiedlichen Altersstadien (z. B. unterschiedliche Verfärbung von blauen Flecken oder Verschorfungen von Hautwunden)			
Unfallschilderung der Eltern stimmt nicht mit Verletzungen überein			
plötzlicher Entwicklungsstillstand oder Entwicklungsrückschritt			
Behinderung des Kindes			
Entwicklungsstörung des Kindes			
Unerwünschtheit des Kindes			
Schreikinder			
Verhaltensauffälligkeiten			
Misshandlungserfahrungen der Eltern in der eigenen Kindheit			
Alkohol-/Drogenabhängigkeit			
nichtleiblicher Elternteil, Patchworkfamilie u. Ä.			
niedriger Ausbildungsstand			

Was	Beobachtet	Wann	Von wem
Arbeitslosigkeit/Armut			
körperliche Züchtigung als Erziehungsmethode			
Beziehungsprobleme			
psychische Erkrankungen			
cholerisch, impulsiv, ungeduldig etc.			
überhöhte Erwartungen der Eltern an ihr Kind			
Fehleinschätzung der kindlichen Entwicklung			
keine geregelten Mahlzeiten (werden vergessen oder keine Kontrolle der Nahrungszufuhr)			
kein geregelter Tagesablauf			
Verhaltensauffälligkeiten			
Distanzlosigkeit gegenüber Fremden			
extreme Distanziertheit/Ängstlichkeit des Kindes			
Überangepasstheit			
unruhiger, gespannt aufmerksamer Blick → Kind ist immer auf der Hut			
regungslos wachsam (sog. Frozen Watchfulness)			
apathisches Verhalten			
Verzicht auf lebhaftes Verhalten			
bei unangenehmen Handlungen wie invasives Füttern oder grobe Pflegehandlung kaum oder gar keine Gegenwehr			
niedergeschlagen, traurig, depressiv, mutlos			
Selbstverletzungen			
Essprobleme			
Daumenlutschen			
Nägelkauen			
plötzlicher Leistungsabfall			
Aufmerksamkeitsstörungen			
Lernstörungen			
Aggressionen			
Wutausbrüche			
sexualisiertes Verhalten			
unklare Bauchschmerzen			
Einnässen, Einkoten, obwohl das Kind bereits sauber war			
plötzliche Entwicklungsverzögerung			
Veränderung des Sprachverhaltens (z. B. Verwendung von Babysprache oder nicht altersgemäßen Wörtern)			
Schlafstörungen/Albträume			

Was	Beobachtet	Wann	Von wem
Körperliche Symptome			
Hämatome, Striemen, Narben Lokalisation: Gesicht, Rücken, Oberarminnenseiten, Brustbereich Bauch *Abgrenzung:* normale Verletzungen üblicherweise an Handballen, Ellenbogen, Knie, Schienbein, Kopf im Bereich unterhalb des Haaransatzes *mögliche Indizien:* unterschiedliche Verfärbungen (Altersstadien), auffällige Größe, mehrfach vorhanden, ungewöhnliche körperliche Lokalisation			
Hautwunden Kratzwunden, Bisswunden → *Achtung:* Abstand von mehr als 3 cm zwischen abgezeichneten Eckzähnen deutet auf erwachsenen Täter hin → sexuellen Missbrauch abklären lassen! *mögliche Indizien:* unterschiedliche Grade der Verschorfung (Altersstadien)			
Schütteltrauma ohne sichtbare äußere Verletzungen *Hinweise:* Hämatome an Schultern, Brust, Oberarmen, Knöcheln, Benommenheit, Schläfrigkeit, Bewusstlosigkeit, Erbrechen, Krampfanfälle *langfristig:* neurologische Abweichungen Bewegungs- und Entwicklungsstörungen Epilepsie			
Schädel-Hirn-Trauma/Gehirnerschütterung nach einigen Stunden bis Tagen Erbrechen, zunehmende Bewusstseinsstörungen, neurologische Ausfallerscheinungen, Bewusstlosigkeit			
Schielen (unerklärlich, plötzlich auftretend) *mögliche Ursache* Augenhintergrundverletzung oder Hirnschaden			
„blaues Auge“ *Ursache:* direkter Schlag auf das Auge			
Pünktchenblutungen *Lokalisation:* in Augenbindehäuten und äußeren Lidhäuten *mögliche Ursache:* Stauungsblutung beim Würgen oder Drosseln mit z. B. einem Schal			
Verbrühungen *Abgrenzung:* bei Unfall meist Brust, Schultern und Gesicht betroffen *Lokalisation bei Misshandlung:* Gesäß und Hände gleichzeitig, Hände und Füße gleichzeitig, durch Eintauchen der Gliedmaßen in heißes Wasser symmetrische sog. Handschuh- bzw. Strumpfmuster			

Was	Beobachtet	Wann	Von wem
Verbrennungen *Erscheinung:* ca. 1 cm Durchmesser *Lokalisation:* Fußsohlen, Handteller, Bauch *Ursache:* Zigaretten *Erscheinung:* großflächig, Form des aufgedrückten Gegenstandes auf der Haut *Lokalisation:* Rücken, Schultern, Unterarme, Handrücken, Gesäß, Ober- und Unterschenkel *Ursache:* Bügeleisen, Heizlüfter, Haartrockner, Herdplatten			
Knochenbrüche *Anzeichen:* Schwellungen, Hautblutungen, Hämatome *Achtung:* auch ohne äußere ersichtliche Symptome möglich → Schreien beim Hochheben oder Füttern kann Indiz für Rippenbruch sein, dauerhafte Schonung von Extremitäten kann auf verdeckten Knochenbruch hinweisen! **mehrere Knochenbrüche verschiedenen Alters hoch verdächtig!** **Knochenbrüche bei Kindern unter drei Jahren hochverdächtig!**			
Mundhöhle/Zähne *Anzeichen:* Blutungen, Verletzungen der Mundschleimhaut oder der Lippen, Beschädigungen der Zähne (Absplitterungen an den Schneidezähnen) *Ursachen:* gewaltsames Füttern, nicht geeignetes Essbesteck, Schläge			
Darmverletzung: *Anzeichen:* Erbrechen, starke Schmerzen, aufgetriebener Bauch, Ausbleiben der Darmgeräusche, Störungen des Stuhlgangs, Entzündungen des Bauchfells, Schock *Achtung:* meist erst spät erkennbar, da sich Symptome schleichend entwickeln *mögliche Ursachen:* Tritte, Schläge			
Vergiftungen *Anzeichen:* Müdigkeit, Apathie, Absencen, Gangunsicherheit, Bewusstlosigkeit *Ursachen:* Medikamentenmissbrauch, nicht ausreichende Sicherung von Medikamenten, Münchhausen-by-Proxy-Syndrom, Tötungsversuch, erweiterter Selbstmordversuch			
Hinweise auf sexuelle Gewalt			
Verletzungen im Genitalbereich, Analbereich, Mund, Geschlechtskrankheiten			

Checkliste
Anzeichen häuslicher Gewalt

Einrichtung und Stempel

Was	Beobachtet	Wann	Von wem
Auffälligkeiten beim Kind			
Kind wirkt bedrückt, traurig, kann sich nicht freuen.			
Kind ist laut, wild, aggressiv.			
Kind spielt aggressive Szenen.			
Kind zeigt extreme Unruhe und Nervosität.			
Kind ist extrem ängstlich.			
Kind ist überangepasst – versucht, nichts falsch zu machen.			
Kind klammert sich an die Mutter, möchte sie nicht alleine lassen.			
Kind zeigt Distanzlosigkeit.			
Kind legitimiert eigenes gewalttätiges Verhalten („Ich darf das", „Das war doch ganz harmlos" etc.)			
Kind kann sich schlecht konzentrieren. Ist abgelenkt, hängt eigenen Gedanken nach.			
Die schulische Leistungsfähigkeit sinkt ab.			
Kind hat Schwierigkeiten, positive Freundschaften aufzubauen.			
Kind zieht sich komplett zurück.			
Kind hat Schwierigkeiten in der konstruktiven Konfliktbewältigung.			
Kind zeigt Symptome einer posttraumatischen Belastungsstörung.			
Kind zeigt Symptome einer Essstörung (bereits Kleinkinder verweigern die Nahrung).			
Kind zeigt Selbstberuhigungsmechanismen wie Schaukeln von Kopf oder Oberkörper, Summen o. Ä.			
Kind zeigt wenig Interesse an seiner Umwelt.			
Kind sucht keinen Kontakt zu anderen.			
Kind zeigt eine Störung der Impulskontrolle.			
Kind zeigt Symptome einer Frozen Watchfulness (es sitzt wie erstarrt da und beobachtet aus den Augenwinkeln seine Umgebung).			
Kind zeigt eine motorische Unruhe.			
Kind zeigt Schwierigkeiten, sich einen Handlungsplan zu erstellen.			
Kind zeigt Schlafstörungen.			

FORUM

08/21

Was	Beobachtet	Wann	Von wem
Kind fällt in seiner Entwicklung zurück (spricht z. B. wieder in der Babysprache).			
Kind beginnt, wieder einzukoten und/oder einzunässen.			
Kind/Jugendlicher zeigt selbstverletzendes Verhalten.			
Drogenkonsum			
Junge spricht schlecht/abwertend über Mädchen/ Frauen.			
Kind/Jugendlicher zeigt suizidale Tendenzen.			
Kind/Jugendlicher geht Freundschaften oder Partnerschaften ein, die sehr intensiv und/oder schädigend sind.			
Verhinderung von Selbstständigkeit			
Symptome der Mutter			
Psychosomatische Beschwerden			
verschiedene Verletzungen in unterschiedlichen Heilungsstadien			
Erklärungen passen nicht zu den Verletzungen oder wirken sehr konstruiert.			
depressive Verstimmungen, suizidale Tendenzen			
kontrollierender Partner			
fehlende Zähne (vor allem Schneidezähne)			
Einschränkungen der Hörfähigkeit			
Einschränkungen der Sehfähigkeit			
Mutter wirkt unruhig, nervös, gehetzt.			
Mutter wirkt niedergeschlagen, ängstlich, verzweifelt.			
Mutter konsumiert Alkohol oder Drogen.			
Mutter zeigt nur geringes Selbstwertgefühl.			

Checkliste
Anzeichen sexueller Gewalt

Einrichtung und Stempel

Was	Beobachtet	Wann	Von wem
Körperliche Symptome			
Verletzungen im Genital- und/oder Analbereich (z. B. unerklärliche Blutungen, Abschürfungen, Risse, Rötungen)			
Fremdkörper in Scheide oder After			
Hämatome und Bisswunden im Unterleib und an den erogenen Zogen			
Hämatome und Striemen an der Innenfläche der Oberschenkel			
außergewöhnliche Dehnungen von Vagina und/oder After			
häufige Entzündungen im Genitalbereich			
ständiger Juckreiz und Hautrötung im Genitalbereich aufgrund von Pilzinfektion oder Entzündung			
typische Geschlechtskrankheiten wie Pilze, Herpes, Gonorrhoe, Hepatitis, Aids			
Psychosomatische Anzeichen			
Einkoten und/oder Einnässen			
plötzliche Bauchschmerzen			
Schmerzen beim Wasserlassen			
Schmerzen beim Stuhlgang			
Schlafstörungen mit Albträumen			
reduziertes Schmerzempfinden			
Verdauungsstörungen			
unerklärliche Kopfschmerzen, Migräneanfälle			
Lähmungserscheinungen (v. a. in Armen und Beinen)			
Tollpatschigkeit (Unfälle durch Unaufmerksamkeit)			
gestörtes Hygieneverhalten (entweder permanentes Reinigen oder komplette Vernachlässigung)			
plötzlich auftretende Hauterkrankungen (z. B. Ekzeme, Neurodermitis, Allergien etc.)			
Hyperventilieren			
Asthma, Erstickungsanfälle (z. B. Weigerung beim Arzt, den Mund aufzumachen, Weigerung, Eis zu essen)			

Was	Beobachtet	Wann	Von wem
Ohnmachtsanfälle			
ständiges Kranksein			
speziell bei Mädchen			
Essstörung			
Schwangerschaft			
frühzeitiges Wachstum von Schambehaarung			
speziell bei Jungen			
sexualisiertes Verhalten gegenüber anderen			
Aggressionen			
sozialer Rückzug			
Brandstiftung, Zündeln			
Tierquälerei			
Psychische Symptome			
Regression der Entwicklung			
plötzliches Weinen			
geringes Selbstwertgefühl			
Konzentrationsstörungen			
plötzlicher Leistungsabfall in der Schule			
aggressives Verhalten			
kompletter sozialer Rückzug, Vereinsamung			
Angst vor Krankheiten wie Aids			
Schwierigkeiten, auf andere zuzugehen, Freundschaften zu schließen			
Zwangsneurosen (Waschzwang, Wenn-dann-Handlungen u. Ä.)			
Panikattacken			
unerklärliche Angstgefühle			
Phobien			
Psychosen			
Borderline-Störung			
Schizophrenie (multiple Persönlichkeiten)			
Sprachstörungen (Mutismus, Stottern, Babysprache u. a.)			
Schamgefühle z. B. beim Umziehen für Sportunterricht			
Niedergeschlagenheit, depressive Verstimmung			
suizidale Tendenzen, Selbstmordversuche			

Was	Beobachtet	Wann	Von wem
Hilflosigkeit, Unselbstständigkeit			
Selbstzweifel			
Überangepasstheit (ja nicht auffallen)			
Berührungsängste			
Autoaggressionen wie Ritzen, Nägelkauen, Haare oder Wimpern ausreißen u. a.			
Drogenkonsum			
Unmäßigkeit (z. B. fehlendes Sättigungsgefühl)			
Versinken in Selbstmitleid			
Flashbacks, die sich durch plötzliches Zittern, Schreien, Weinen, Angstgefühle äußern			
Ekel vor dem eigenen Körper			
in Kleidern schlafen			
in weiter Kleidung „verstecken“			
kompletter Vertrauensverlust in Bezugspersonen			
kann sich an Ereignisse nicht erinnern			
Störung des Sexualverhaltens (sexualisieren sozialer Beziehungen, offene Masturbation v. a. bei Jungen, nicht altersgemäßes Sexualverhalten, Prostitution, Sadomasochismus, sexueller Identitätsverlust v. a. bei Jungen, sexuelle Dysfunktion)			
Änderung im Sozialverhalten			
soziale Isolation			
Verschlossenheit			
Leistungsverweigerung			
extreme Leistungsmotivation, um schnell z. B. von zu Hause ausziehen zu können			
dominantes Verhalten, Machtkontrolle, die Kontrolle nicht abgeben			
Weglaufen aus dem Elternhaus			
Beziehungssucht, ständig auf der Suche nach Liebe, Klammern			
distanzloses Verhalten			
Misstrauen gegenüber jedem			
Straffälligkeit			
auffälliges Verhalten gegenüber bestimmten Männer- oder Frauentypen			
frühreifes Verhalten			

Checkliste
Anzeichen psychischer Gewalt

Einrichtung und Stempel

Was	Beobachtet	Wann	Von wem
Kind wird eingeschüchtert.			
Kind wird Angst gemacht (z. B. „Dann holt dich die Polizei“).			
Kind darf keinen Kontakt zu anderen haben.			
Kind bekommt zu Hause keine Grenzen gesetzt.			
Kind erhält kein Lob oder Bestätigung, kann nichts richtig machen.			
Kind wird entmutigt (z. B. „Das kannst du eh nicht“).			
Kind wird der Lächerlichkeit preisgegeben (es muss z. B. mit dem Schlafanzug in Kita oder Schule).			
Kind und seine Bedürfnisse werden ignoriert.			
Kind wird kleingemacht (z. B. „Du bist zu dumm“).			
Der Zusammenhang zwischen Situation und Bestrafung ist unklar (z. B. erfolgt die Bestrafung erst viel später).			
Kind muss extreme Leistungen in Schule, Sport oder Musik erbringen, weil Eltern das früher selbst nicht möglich war.			
Kind wird von den Eltern als Druckmittel bei Beziehungsproblemen benutzt.			
Auf das Wohl des Kindes wird zugunsten eigener Interessen nicht geachtet			
Erwartung eines Elternteils oder beider, das Kind soll sich zu einem bekennen.			
Kind muss sich aufgrund von Trennung oder häuslicher Gewalt entscheiden, wem seine Loyalität gilt.			
Eltern lassen dem Kind keinen Freiraum.			
Kind darf nicht selbstständig werden.			
Kind wird mit materiellen Zuwendungen überhäuft, dafür bekommt es nur wenig emotionale Zuwendung.			
Kind wird bedroht.			
Kind darf über ein Erlebnis nicht sprechen.			

FORUM

Fragebogen zur Wohn-/Lebenssituation in altersgerechter Sprache (3–5 Jahre)

Einrichtung und Stempel

Lebst du in einer Wohnung oder in einem Haus?

Wieviele Zimmer hat deine Wohnung oder dein Haus? Zähle sie auf: Wohnzimmer, Küche …

Habt ihr einen Garten? Was befindet sich darin?

Hast du ein eigenes Zimmer nur für dich allein? Wo schläfst du?

Wieviele Menschen gehören zu deiner Familie? Zähle sie auf: Mama, Papa…

Leben alle Menschen deiner Familie mit in deiner Wohnung?

Wo schläft die Mama, wo schläft der Papa?

Hast du Brüder oder Schwestern? (Wenn ja: Wo schlafen die?)

Arbeitet der Papa? Was arbeitet er?

Arbeitet die Mama? Was arbeitet sie?

Frühstückst du zu Hause? (Wenn ja: Wer macht dir das Frühstück?)

Habt ihr ein Haustier? (Wenn ja: Wer füttert und kümmert sich um das Tier?)

Wenn du an deine Familie denkst, wie fühlst du dich? Beschreibe es mit dem Wetter draußen: Wenn du dich toll fühlst, ist das, wie wenn die Sonne scheint. Wenn du dich traurig oder ängstlich fühlst, ist das wie Regen und Gewitter.
Wie fühlst du dich zu Hause meistens?

Was spielst du am liebsten, wenn du freie Zeit hast?

Spielst du lieber zu Hause drinnen oder gehst du lieber raus zu Freunden? Warum?

Kommen Freunde zu dir zum Spielen?

Wenn du Fragen hast oder bei etwas Hilfe brauchst, wen kannst du in der Familie fragen?

Was machen Mama oder Papa, wenn du etwas angestellt hast?

Was machen Mama oder Papa, wenn du etwas gut gemacht hast?

Wie ist es um eure Wohnung/euer Haus herum? Wie gefällt es dir da?

Hast du Angst vor Einbrechern oder älteren Kindern und Jugendlichen in deiner Nachbarschaft?

Bist du tagsüber oder nachts öfter allein?

Wer passt auf dich auf, wenn Mama oder Papa nicht zuhause sind?

Wie sind die Nachbarn deiner Familie? Sind sie nett oder unfreundlich?

Hast du schon etwas Doofes erlebt in der Nachbarschaft? Erzähl mal.

Fragebogen zur Wohn-/Lebenssituation in altersgerechter Sprache (6–9 Jahre)

Einrichtung und Stempel

Lebst du in einer Wohnung oder in einem Haus?

Wieviele Zimmer hat deine Wohnung oder dein Haus? Zähle sie auf: Wohnzimmer, Küche …

Habt ihr einen Garten? Was befindet sich darin?

Hast du ein eigenes Zimmer nur für dich allein? Wo schläfst du?

Wo erledigst du deine Schularbeiten? Hast du einen eigenen Schreibtisch?

Wieviele Menschen gehören zu deiner Familie? Zähle sie auf: Mama, Papa…

Leben alle Menschen deiner Familie mit in deiner Wohnung?

Wo schläft deine Mama, wo schläft dein Papa?

Hast du Brüder oder Schwestern? (Wenn ja: Wo schlafen die?)

Arbeitet dein Papa? Was arbeitet er?

Arbeitet deine Mama? Was arbeitet sie?

Frühstückst du zu Hause? (Wenn ja: Wer macht dir das Frühstück?)

Wer wäscht deine Kleidung?

Habt ihr ein Haustier? (Wenn ja: Wer füttert und kümmert sich um das Tier?)

Wenn du an deine Familie denkst, wie fühlst du dich? Wie fühlst du dich zu Hause meistens?

Was spielst du am liebsten, wenn du freie Zeit hast?

Spielst du lieber zu Hause drinnen oder gehst du lieber raus zu Freunden? Warum?

Kommen Freunde zu dir zum Spielen?

Gehst du in einen Sportverein oder spielst du ein Instrument?

Wenn du Fragen hast oder bei etwas Hilfe brauchst, wen kannst du in der Familie fragen?

Was machen Mama oder Papa, wenn du etwas angestellt hast?

Was machen Mama oder Papa, wenn du etwas gut gemacht hast?

Wie ist es um eure Wohnung/euer Haus herum? Wie wohl fühlst du dich dort?

Hast du Angst vor Einbrechern oder älteren Kindern und Jugendlichen in deiner Nachbarschaft?

Bist du tagsüber oder nachts öfter allein?

Wer passt auf dich auf, wenn Mama oder Papa nicht zuhause sind?

Wie sind die Nachbarn deiner Familie? Sind sie nett oder unfreundlich?

Hast du schon etwas Doofes erlebt in der Nachbarschaft? Erzähl mal.

Fragebogen zur Wohn-/Lebenssituation
in altersgerechter Sprache (10–12 Jahre)

Einrichtung und Stempel

Lebst du in einer Wohnung oder in einem Haus?

Wieviele Zimmer hat deine Wohnung oder dein Haus? Zähle sie auf: Wohnzimmer, Küche …

Habt ihr einen Garten? Was befindet sich darin?

Hast du ein eigenes Zimmer nur für dich allein? Wo schläfst du?

Wo erledigst du deine Schularbeiten? Hast du einen eigenen Schreibtisch?

Wieviele Menschen gehören zu deiner Familie? Zähle sie auf: Mama, Papa…

Leben alle Menschen deiner Familie mit in deiner Wohnung?

Wo schläft deine Mutter, wo dein Vater?

Hast du Brüder oder Schwestern? (Wenn ja: Wo schlafen die?)

Arbeitet dein Vater? Was arbeitet er?

Arbeitet deine Mutter? Was arbeitet sie?

Frühstückst du zu Hause? (Wenn ja: Wer macht dir das Frühstück?)

Wer wäscht deine Kleidung?

Habt ihr ein Haustier? (Wenn ja: Wer füttert und kümmert sich um das Tier?)

Wenn du an deine Familie denkst, wie fühlst du dich? Wie fühlst du dich zu Hause meistens?

Was spielst du am liebsten, wenn du freie Zeit hast?

Spielst du lieber zu Hause drinnen oder gehst du lieber raus zu Freunden? Warum?

Kommen Freunde zu dir zum Spielen?

Gehst du in einen Sportverein oder spielst du ein Instrument?

Wenn du Fragen hast oder bei etwas Hilfe brauchst, wen kannst du in der Familie fragen?

Was machen deine Eltern, wenn du etwas angestellt hast?

Was machen deine Eltern, wenn du etwas gut gemacht hast?

Wie ist es um eure Wohnung/euer Haus herum? Wie wohl fühlst du dich dort?

Hast du Angst vor Einbrechern oder älteren Kindern und Jugendlichen in deiner Nachbarschaft?

Bist du tagsüber oder nachts öfter allein?

Wer passt auf dich auf, wenn Mama oder Papa nicht zuhause sind?

Wie sind die Nachbarn deiner Familie? Sind sie nett oder unfreundlich?

Hast du schon etwas Doofes erlebt in der Nachbarschaft? Erzähl mal.

KONKRETE MASSNAHMEN BEIM VERDACHT AUF KINDESWOHLGEFÄHRDUNG

Leitfaden
Verfahrensablauf Schutzauftrag bei Kindeswohlgefährdung

Einrichtung und Stempel

Das Verfahren zur Abschätzung des Gefährdungsrisikos von Kindern und Jugendlichen ist zweistufig.

1. Stufe:

Aufnahme der ersten Anhaltspunkte, erste Prüfung, Bewertung und Kollegiale Fallbesprechung (Vier-Augen-Prinzip). Die Abschätzung des Gefährdungsrisikos erfolgt bei Verdacht einer Kindeswohlgefährdung mithilfe des Formulars zur Gefährdungseinschätzung oder des Ampelbogens nach § 8a SGB VIII[1] als erster Check für eine Mitteilung bei eventueller Kindeswohlgefährdung. Dabei können sie sich einen unmittelbaren Eindruck von dem Kind und seiner persönlichen Umgebung verschaffen. Personen (Geheimnisträger wie z. B. Lehrerinnen und Lehrer oder Ärztinnen und Ärzte), die im betreffenden Fall Daten an das Jugendamt auf Grundlage des §4 Abs. 3 KKG übermittelt haben, können an der Gefährdungseinschätzung beteiligt werden.

2. Stufe:

Bei sich erhärtenden Faktoren erfolgt die weitergehende Prüfung der Kindeswohlgefährdung durch die Fachkräfte der öffentlichen Jugendhilfe (vor allem ASD) bzw. bei freien Trägern in Zusammenarbeit mit einer insoweit erfahrenen Fachkraft (zweiter Check). Bei der Abschätzung des Gefährdungsrisikos werden die Personensorgeberechtigten sowie das Kind oder der Jugendliche mit einbezogen, soweit hierdurch der wirksame Schutz des Kindes oder des Jugendlichen nicht in Frage gestellt wird (§ 8a Abs. 1 Satz 2 SGB VIII).

Weiteres Vorgehen:

Je nach Einstufung der Risikoeinschätzung ergibt sich die Dringlichkeit für das sofortige Handeln und die Notwendigkeit, vor Ort mit der Familie Kontakt aufzunehmen, um das Kind und die Situation in Augenschein zu nehmen. Reichen diese Maßnahmen nicht aus oder sind die Personensorgeberechtigten nicht in der Lage oder bereit, sie in Anspruch zu nehmen, sind weitergehende Maßnahmen des Jugendamtes im Sinne eines umfassenden Schutzkonzeptes erforderlich.

Im Ergebnis der Abschätzung des Gefährdungsrisikos wird der weitere Handlungsbedarf zum Schutz der Kinder und Jugendlichen festgelegt, z. B.:

1. Es liegen **keine Anhaltspunkte für eine Gefährdung** des Kindeswohls vor:
   Festlegung eines der Sachlage angemessenen Überprüfungstermins, der von der Leitungskraft überwacht wird. Sie ist dafür zuständig, dass bei diesem Termin eine erneute Abschätzung des Gefährdungsrisikos vorgenommen wird.
2. Es liegen **einzelne Anhaltspunkte für eine Gefährdung** des Kindeswohls vor:
   Keine Information an das Jugendamt und sofortiges Handeln notwendig, aber eine Beobachtung der weiteren Situation. Im Rahmen der Gefährdungsbeurteilung wird das weitere Vorgehen gegenüber den Sorgeberechtigten, die Beobachtung der Situation des Kindes und ein der Sachlage angemessener Überprüfungstermin festgelegt, der von der Leitungskraft überwacht wird. Sie ist dafür zuständig, dass bei dem Überprüfungstermin eine erneute Einschätzung des Gefährdungspotenzials vorgenommen wird. Die festgestellten Sachverhalte, die zu der Gefährdungseinschätzung geführt haben, werden den Sorgeberechtigten mitgeteilt und im Rahmen der Hilfedurchführung Maßnahmen ergriffen, die die Sorgeberechtigten bei der Sicherstellung des Kindeswohls unterstützen und das Gefährdungsrisiko verringern.
3. Es liegt eine **drohende Gefährdung** vor:
   Kein sofortiges Eingreifen notwendig, aber eine zügige Veränderung der Situation für das Kind/den Jugendlichen. Umgehende Kontaktaufnahme mit den Sorgeberechtigten, um diesen die Gefährdungssituation und die Notwendigkeit einer Kontaktaufnahme zum Jugendamt zu verdeutlichen. Ziel ist es, die Sorgeberechtigten zur Mitarbeit bei der Abwendung der Gefahren und zur Erörterung des weiteren Vorgehens, wie etwa der Inanspruchnahme weiterer Hilfen, mit dem Jugendamt zu bewegen. Nach dem Gespräch ist ggf. das Jugendamt über die Gefährdungseinschätzung und das Gesprächsergebnis zu informieren.
4. Es liegt eine **akute Gefährdung** vor:
   Ein sofortiges Handeln ist erforderlich, wie z. B. eine Inobhutnahme zur Sicherstellung der körperlichen Unversehrtheit oder zur Vermeidung von körperlichen Schäden. Es erfolgt die umgehende Information des zuständigen Jugendamtes über die Gefährdungseinschätzung und die Einschätzung zum Handlungsbedarf.

[1] Grundlage sind die vor Ort geltenden Regelungen der Ämter/Netzwerke zum „Kindeswohl".

Verfahrensablauf Schutzauftrag bei Kindeswohlgefährdung:

Ausgangspunkt zum Schutzauftrag	**Gefährdungseinschätzung mit Unterstützung des Formulars Frage- oder Ampelbogens** nach § 8a SGB VIII (Checkliste zum Kind/Jugendlichen) Ergebnis (ausgesuchtes Fallbeispiel): DROHENDE GEFÄHRDUNG: (= keine akute Gefährdung, aber Hilfebedarf nötig)
Schritt:	**Information/Einbeziehung der Leitung** der Einrichtung/des Dienstes/des Trägers (soweit vorhanden) zur Abstimmung des weiteren Verfahrens zum Schutzplan (Gesamtverantwortung Leitung)
Schritt:	**Gefährdungseinschätzung im Team** (soweit vorhanden), z. B. Kollegiale Fallbesprechung/Fallberatung zur Gewinnung neuer Sichtweisen nach einem festen Schema[2]
Schritt:	**Hinzuziehung einer insoweit erfahrenen/spezialisierten Fachkraft** gemäß den Vereinbarungen zum Schutzauftrag nach § 8a SGB VIII (Liste Jugendamt/Träger)
Schritt:	**Entwicklung eines Schutzplanes** für das Kind/den Jugendlichen (z. B. Gespräche, Hausbesuche, Hilfs- und Unterstützungsangebote)
Schritt:	**Umsetzung/Überprüfung des Schutzplanes** für das Kind/den Jugendlichen (z. B. der in der Dokumentation schriftlich festgehaltenen Termine/Maßnahmen/Verantwortlichen: „Wer tut was, wann und mit wem zum Schutz/zum Wohl des Kindes/Jugendlichen?“)
Ergebnis zum Schutzauftrag:	**1. Die drohende Gefahr konnte abgewendet werden =** *Das Verfahren bei Verdacht auf Kindeswohlgefährdung endet!* ! Im Ampelbogen entwickelt sich die Gefährdungssituation von GELB zu GRÜN. **2. Die drohende Gefahr wird zur akuten Gefahr =** *Das Verfahren im Notfall ist anzuwenden, z. B. eine Inobhutnahme, sofortige Information an das Jugendamt!* ! Im Ampelbogen entwickelt sich die Gefährdungssituation von GELB zu ROT: ✓ Einzelne Anhaltspunkte treten häufiger/in stärkerer Ausprägung auf/weitere Anhaltspunkte kommen hinzu. ✓ Die Grenzen der eigenen Handlungsmöglichkeiten sind erreicht. ✓ Fehlende Problemakzeptanz/Bereitschaft der Eltern/Sorgeberechtigten zur Annahme von Hilfen/Mitwirkung beim Schutzplan.

Schema Verfahrensablauf Schutzauftrag bei Kindeswohlgefährdung (KWG)[3]:

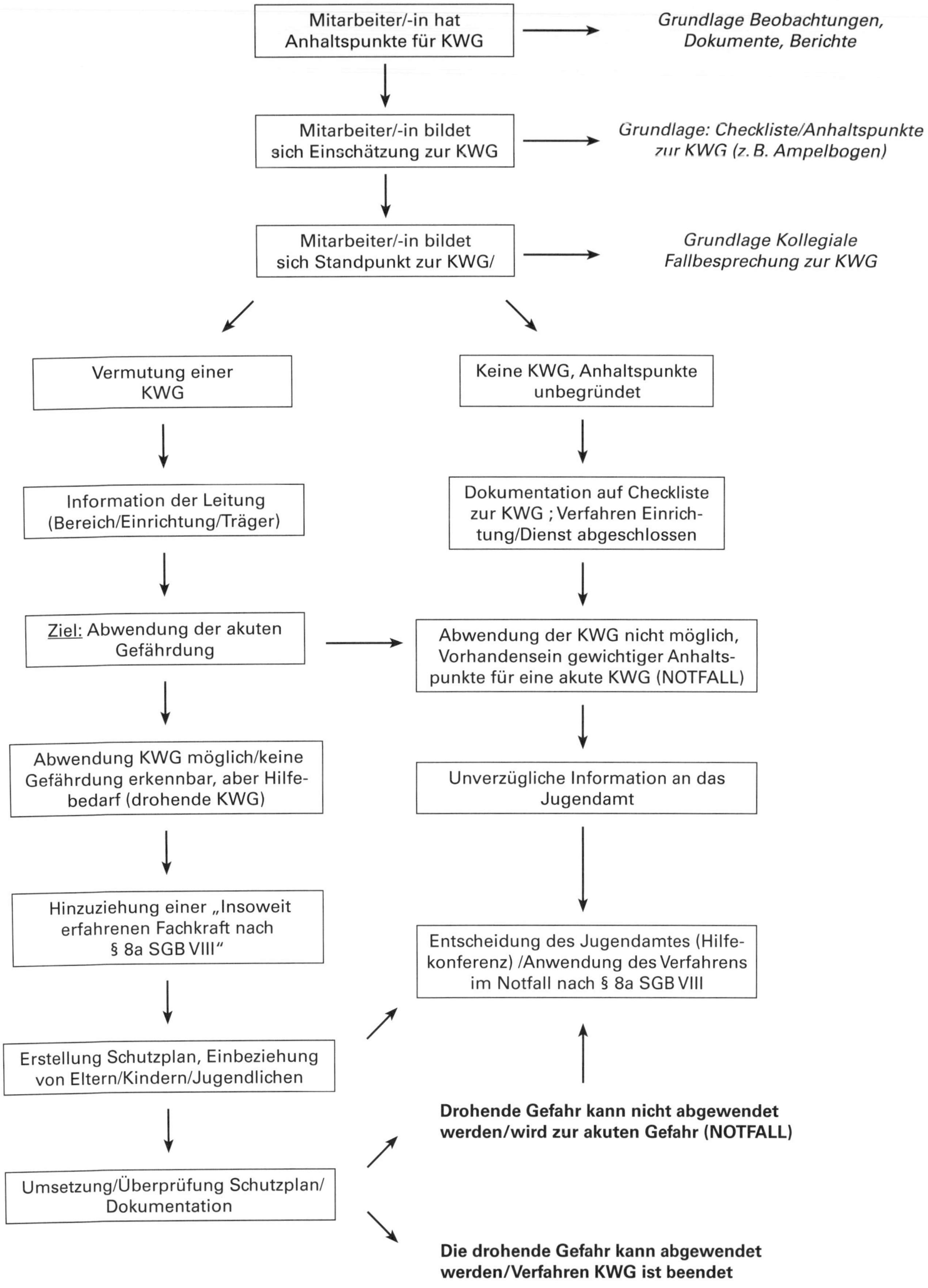

3 Schema wurde als Muster zum Werk entwickelt.

Merkblatt
Gefährdungseinschätzung nach § 8a SGB VIII mit Hinweisen zur Anwendung des Ampelbogens

Einrichtung und Stempel

Abschätzung des Gefährdungsrisikos und des Handlungsbedarfs bei Verdacht auf Kindeswohlgefährdung:

Für die Einschätzung der vorliegenden Anhaltspunkte sind die Fachkräfte und die Leitung der Einrichtung/des Dienstes verantwortlich. Werden die Anhaltspunkte als „gewichtig" bewertet, so ist das Verfahren gem. § 8a SGB VIII unter Hinzuziehung einer insoweit erfahrenen Fachkraft einzuleiten. Grundsätzlich sollten die Personensorge-/Erziehungsberechtigten mit einbezogen werden, soweit hierdurch nicht der wirksame Schutz des Kindes/Jugendlichen infrage gestellt wird und datenschutzrechtliche Regelungen nach § 8 Abs. 3 SGB VIII beachtet werden. Das Kind oder der Jugendliche selbst sollen einbezogen werden, sowie ggf. in Absprache mit dem Jugendamt weitere Personen (Geheimnisträger), die Einblick in die Situation haben und wichtige Anhaltspunkt zur Gefährdungseinschätzung beitragen können. Nach Abschluss der Gefährdungseinschätzung und entsprechender Einstufung als interventionsbedürftig sind alle Informationen dokumentiert dem Jugendamt zur weiteren Vorgehensweise zu übermitteln.

Alle Schritte bei Verdacht auf Kindeswohlgefährdung sind unbedingt schriftlich, in Kurzform, mit Datum zu dokumentieren. Sie sind eine wichtige Grundlage zur Einschätzung der Gefährdungssituation des Kindes/ Jugendlichen:

Ablauf:

(1) Sammeln Sie Fakten, Beobachtungen, Erzählungen, Vorkommnisse, Anhaltspunkte für eine mögliche Gefährdung.

(2) Ziehen Sie Ihren Vorgesetzten/Ihre Leitung zurate, z. B. die Gruppenleitung, die Leitung der Einrichtung, den Vorstand, den Träger. Hier müssen Sie noch keine Namen nennen, nur die Fakten.

(3) Treffen Sie mit Ihrer Leitung eine gemeinsame Einschätzung der Gefährdungssituation des Kindes/Jugendlichen.

(4) Bestätigt die gemeinsame Einschätzung Ihren Verdacht auf eine Gefährdung, ist durch die Leitung eine Fachkraft für Kindeswohlgefährdung zum Fall hinzuzuziehen. Viele Träger und Einrichtungen verfügen über eigene, speziell ausgebildete **Fachkräfte für Kindeswohlgefährdung** (Insoweit erfahrene Fachkraft). Sollte dies in Ihrem Fall nicht zutreffen, wenden Sie sich an eine Fachkraft für Kindeswohlgefährdung beim Referat für Erziehung und Bildung/Jugendamt.

(5) Erstellen Sie gemeinsam eine Risikoeinschätzung und einen Schutzplan, der mögliche Hilfen enthält, um das Wohl des Kindes/Jugendlichen zu sichern.

(6) Für den Fall, dass der vereinbarte Schutzplan fehlschlägt und die angebotenen Hilfen das Kind nicht schützen, erfolgt durch die Fachkraft für Kindeswohlgefährdung eine Meldung an das Referat für Erziehung und Bildung/Jugendamt.

Ampelbogen zur Gefährdungseinschätzung nach § 8a SGB VIII:

Zur Einschätzung des Gefährdungsrisikos bei Verdacht auf Kindeswohlgefährdung gibt es innerhalb der „Netzwerke zur Förderung des Kindeswohls" in den Bundesländern die verschiedensten Instrumente, die eingesetzt werden.[1] Vielfach wird der „Ampelbogen" empfohlen, um die Wahrnehmung für gewichtige Anhaltspunkte zu schärfen und Gefährdungen frühzeitig als solche zu erkennen. Die Entscheidung der Netzwerke für dieses Instrument beruht darauf, dass der Ampelbogen kurz, aussagekräftig und allgemein verständlich eine Unterscheidung nach den Altersgruppen (0-2 Jahre, 3-5 Jahre, 6-11 Jahre und 12-18 Jahre) vornimmt. Er ist damit gut als Grundlage für die Ersteinschätzung durch die Fachkraft zu nutzen, die einen Verdacht auf Kindeswohlgefährdung vermutet; für die kollegiale Fallberatung in der Einrichtung/Institution oder bei Hinzuziehung einer insoweit erfahrenen Fachkraft. Der Ampelbogen bedarf als Grundlage zuverlässiger Informationen. Es wird nur das bewertet, was die Fachkraft selbst beobachtet hat oder wofür zuverlässige Informationen vorliegen.

Mit dem Ampelbogen werden Daten erhoben zu:

(1) Persönlichen Daten des Kindes/der Sorgeberechtigten;

(2) Einschätzungen/Bewertungen für den Fall einer akuten Kindeswohlgefährdung und daraus resultierenden Handlungsschritten;

(3) Einschätzungen/Bewertungen zu Risikofaktoren für den Fall einer möglichen Kindeswohlgefährdung und Handlungsempfehlungen zum weiteren Vorgehen, sodass Kindeswohlgefährdung erkannt werden kann.

Ampelmäßig signalisieren die Farben ROT/GELB und GRÜN das jeweilige Gefährdungsrisiko des Kindes/Jugendlichen im Bereich der Kindeswohlgefährdung:

ROT *(oberer Bereich):* Es liegen gewichtige Anhaltspunkte für eine Gefährdung vor = *„Gefahr in Verzug"*

GELB *(mittlerer Bereich):* Es liegen keine Anhaltspunkte für eine akute Gefährdung vor = Graubereich (sowohl als auch), keine akute Gefährdung, aber *Hilfebedarf notwendig.*

GRÜN *(unterer Bereich):* Es liegen keine Anhaltspunkte für eine Gefährdung vor = weitere Beobachtung.

[1] Beispiele wurden aus verschiedenen Bundesländern zusammengestellt, sie sind Grundlage der Arbeit der „Insoweit erfahrenen Fachkräfte" bei der Risikoeinschätzung zum Kindeswohl, ihr Einsatz ist regional unterschiedlich und wird in den „Netzwerken zum Kindeswohl" in Abstimmung mit den Jugendämtern, Trägern und Einrichtungen vor Ort beschlossen/spezielle Formulare sind dort abrufbar. Grafik wurde durch die Autorin angefertigt.

Formular
Gefährdungseinschätzung nach § 8a SGB VIII Datenbogen

Einrichtung und Stempel

Datum/Ort der Kindeswohlüberprüfung:
Zeit:
An der Überprüfung beteiligte Personen/Einrichtung/Funktion:

Angaben zum überprüften Kind/Jugendlichen:

Name:	Vorname:	Geb.-Datum:
Anschrift:	Telefon:	E-Mail:
Geschwister:		
Eltern:		
Erziehungs-/ Personensorgeberechtigte:		

Bitte zutreffende Aussagen zur **Risiko-/Gefährdungseinschätzung nach § 8a SGB VIII** *ankreuzen:*

1. Anhaltspunkte beim Kind/Jugendlichen

	zutreffend	teilweise zutreffend	nicht zutreffend
Sichtbare Verletzung/nicht plausibel erklärbar (auch Selbstverletzung)	☐	☐	☐
Körperliche Krankheitssymptome/nicht sichtbare Verletzungen etc.	☐	☐	☐
Psychische Krankheitssymptome	☐	☐	☐
Unzureichende, unangemessene Flüssigkeits- und/oder Nahrungszufuhr	☐	☐	☐
Permanente Müdigkeit, Schlafstörungen und/oder Nahrungszufuhr	☐	☐	☐
Fehlende, aber notwendige ärztliche Versorgung und Behandlung	☐	☐	☐
Zuführung gesundheitsgefährdender Substanzen	☐	☐	☐
Für das Lebensalter mangelnde Aufsicht	☐	☐	☐
Massive Hygienemängel (Körperpflege, Kleidung etc.)	☐	☐	☐
Unbekannter Aufenthalt (Weglaufen, Streunen etc.)	☐	☐	☐
Fortgesetzte unentschuldigte Schulversäumnisse	☐	☐	☐
Gesetzesverstöße	☐	☐	☐

2. Anhaltspunkte in Familie/Lebensumfeld

	zutreffend	teilweise zutreffend	nicht zutreffend
Gewalttätigkeiten in der Familie bzw. gegenüber Kindern oder Jugendlichen	☐	☐	☐
Sexuelle oder kriminelle Ausbeutung des Kindes/Jugendlichen	☐	☐	☐
Eltern psychisch krank oder suchtkrank	☐	☐	☐
Eltern körperlich oder geistig beeinträchtigt	☐	☐	☐
Familie in materieller Notlage	☐	☐	☐
Desolate/schwierige Wohnsituation (Vermüllung, unzureichende Wohnfläche, Obdachlosigkeit)	☐	☐	☐
Kein kindgerechter Schlafplatz	☐	☐	☐
Traumatisierende Lebensereignisse (Verlust eines Angehörigen, Unglück etc.)	☐	☐	☐
Schädigendes Erziehungsverhalten und mangelnde Entwicklungsförderung durch Eltern	☐	☐	☐
Soziale Isolierung der Familie bzw. des Kindes oder des Jugendlichen	☐	☐	☐

3. Anhaltspunkte Mitwirkungsbereitschaft

(Beispiele mangelnder Mitwirkungsbereitschaft oder -fähigkeit)

	zutreffend	teilweise zutreffend	nicht zutreffend
Kindeswohlgefährdung durch Erziehungspersonen und/oder Personensorgeberechtigte nicht abwendbar	☐	☐	☐
Fehlende Problemeinsicht	☐	☐	☐
Unzureichende Kooperationsbereitschaft/mangelnde Bereitschaft, eine Hilfestellung zuzulassen	☐	☐	☐
Bisherige Unterstützungsversuche unzureichend	☐	☐	☐

Ergebnis der Risikoeinschätzung zum Kindeswohl:

1. Es liegen keine *Anhaltspunkte für eine Gefährdung* vor: ☐
Information der Leitung am:________________/neuer Überprüfungstermin: ________________

2. Es liegen einzelne *Anhaltspunkte für eine Gefährdung* vor: ☐
Absprachen mit der Leitung am:________________/neuer Überprüfungstermin: ________________
(Notwendige Information und Einleitung von Maßnahmen zur Unterstützung der Sorgeberechtigten bei der Sicherstellung des Kindeswohls/zur Verringerung des Gefährdungsrisikos).

3. Es liegen *Anhaltspunkte für eine drohende Gefährdung* vor: ☐
Absprachen mit der Leitung am:________________/Kontaktaufnahme mit den Sorgeberechtigten zur Gefährdungssituation und Notwendigkeit einer Kontaktaufnahme zum Jugendamt am________________.

4. Es liegen *Anhaltspunkte für eine akute Gefährdung* vor: ☐
Sofortige Absprachen mit der Leitung am:________________ und Sicherstellung der körperlichen Unversehrtheit/Vermeidung von körperlichen Schäden des Kindes /Jugendlichen. Umgehende Information an das Jugendamt am ________________, zur Gefährdungseinschätzung/zum Handlungsbedarf.

GRUNDLAGE:

Kurze Situationsbeschreibung der eingeschätzten Kindeswohlgefährdung.
(Stichworte/kurze Sätze)

Datum: Unterschrift: Überprüfung am:

# Formular ## Ampelbogen für 0-2 Jahre	Einrichtung und Stempel

Der Ampelbogen ist ein (Teil-)Instrument zur Unterstützung im Entscheidungsprozess, ob es sich im vorliegenden Fall um eine Kindeswohlgefährdung handelt oder nicht. Er soll der besseren Wahrnehmung dienen, die Entscheidung im Fachgespräch und die Dokumentation erleichtern. Er ist keinesfalls rein schematisch/mathematisch anzuwenden und ersetzt nicht das professionell geführte Fachgespräch. Es sind nur die Indikatoren anzukreuzen, die zuverlässig beurteilt werden können. Dort, wo keine Einschätzung möglich ist, bleiben die Felder leer.

Nachfolgend wird unterschieden zwischen Anhaltspunkten für

1. eine akute Kindeswohlgefährdung und

2. Risikofaktoren, die auf eine mögliche Kindeswohlgefährdung hindeuten.

Hinweis: *Um die Angaben detaillierter machen zu können, empfiehlt es sich, dem Ampelbogen die Checklisten zu den Symptomen anzuhängen!*

Datum: ______________________________

Mitarbeiter/-in: ______________________________

Kind:

Name, Vorname: ____________________ Geb.-Datum: ____________________

Anschrift: ______________________________

Sorgeberechtigte/-r:

Name, Vorname: ______________________________

Anschrift: ______________________________

Telefon: ____________________ Mobil: ____________________

Eltern verheiratet ☐

Eltern getrennt lebend/geschieden ☐

Neuer Lebenspartner ist nicht Elternteil/nicht sorgeberechtigt ☐

Bestehende Vormundschaft ☐

Andere Bezugsperson: ______________________________
(z. B. Elternteil, Großeltern)

Anschrift: ______________________________

Telefon: ____________________ Mobil: ____________________

Stand vom: ____________________ Unterschrift Fachkraft: ____________________

1. Akute Kindeswohlgefährdung:

ROT: Bereits 1 Bewertung im roten Bereich signalisiert Anhaltspunkte für eine akute Kindeswohlgefährdung. Das Jugendamt ist sofort zu informieren, da hier Gefahr im Verzug besteht.

GELB: Die Einschätzung ist nicht absolut sicher und erfordert weitere Wahrnehmungen und eine erhöhte Aufmerksamkeit innerhalb eines kurzfristigen Zeitraums unter Hinziehung einer erfahrenen Fachkraft.

GRÜN: Die Einschätzung zu den bestimmten Merkmalen gibt keinen Anlass zur Besorgnis.

Körperliche Erscheinung des Kindes (wenn möglich, Ergebnisse von Vorsorgeuntersuchungen mit hinzuziehen)	ROT	GELB	GRÜN
Hämatome, Mehrfachverletzungen in verschiedenen Heilungsstadien, mehrfache Kleinwunden, Striemen und Narben			
Knochenbrüche, Mehrfachbrüche mit unklarer oder nicht nachvollziehbarer Ursache			
Verbrennungen, Verbrühungen mit unklarer oder nicht nachvollziehbarer Ursache			
Wiederholt auftretende Rötungen/Entzündungen im Anal- und/oder Genitalbereich			
Unklare Schonhaltungen und Schmerzen bei Verdacht auf körperliche Misshandlung			
Psychische Erscheinung des Kindes	ROT	GELB	GRÜN
Auffälliges, altersunangemessenes sexualisiertes Verhalten			
Darstellung von erlebter Gewalt (durch Spielen und/oder Malen)			
Psychosoziale Situation der Sorgeberechtigten	ROT	GELB	GRÜN
Akute Phase einer Suchterkrankung eines oder beider Elternteile/s			
Akute Phase einer psychischen Erkrankung eines Elternteils oder beider Elternteile			

2. Mögliche Kindeswohlgefährdung:

ROT: Signalisiert Gefahr! Risiken sind erkennbar, die Einschätzung gibt Anlass zur Besorgnis. Im Falle mehrerer Nennungen muss umgehend eine erfahrene Fachkraft zur Gefährdungseinschätzung hinzugezogen werden!

GELB: Die Einschätzung ist nicht absolut sicher und erfordert weiterer Wahrnehmungen und erhöhte Aufmerksamkeit innerhalb eines kurzfristigen Zeitraums unter der Hinzuziehung einer erfahrenen Fachkraft.

GRÜN: Die Einschätzung zu den bestimmten Merkmalen gibt keinen Anlass zur Besorgnis

Körperliche Erscheinung (wenn möglich, Ergebnisse von Vorsorgeuntersuchungen mit hinzuziehen)	ROT	GELB	GRÜN
Schlechter Pflegezustand			
Karies			
Wiederholte/anhaltende Erkrankungen (Haut, Atemwege etc.) ohne medizinische Versorgung			
Anhaltende Auffälligkeiten beim Sehen und Hören ohne medizinische Abklärung			
Zeichen der Überernährung/Unterernährung/Mangelernährung			
Verzögerung der motorischen Entwicklung ohne ärztliche/psychologische/therapeutische Abklärung			
Verzögerung der sprachlichen Entwicklung ohne ärztliche/psychologische/therapeutische Abklärung			
Verzögerung der geistigen Entwicklung ohne ärztliche/psychologische/therapeutische Abklärung			
Ess- und Fütterungsprobleme			
Früh-/Mangelgeburt, Mehrlingsgeburt			
Chronische Erkrankung, Behinderung			
Anhaltende/wiederholte Kopf- und Bauchschmerzen ohne medizinische Ursache			

Psychische Erscheinung	ROT	GELB	GRÜN
Kind schreit viel			
Kind wirkt traurig/zurückgezogen			
Kind wirkt auffallend ruhig, teilnahmslos			
Ausgeprägt unruhiges, umtriebiges und ungesteuertes Verhalten			
Aggressives Verhalten			
Selbstverletzendes Verhalten			
Antriebsarmut und mangelndes Interesse an der Umwelt			
Ausgeprägte stereotype, selbststimulierende Verhaltensweisen (z. B. monotones/rhythmisches Schaukeln, Wiegen, Wippen mit dem Oberkörper, Hin- und Herwerfen des Körpers im Bett usw.)			
Instabiler/fehlender Blickkontakt			
Unsicheres/wechselndes Beziehungsverhalten (Nähe-, Distanzproblematik)			
Auffälliges Kontaktverhalten mit anderen Kindern			
Mangelndes Selbstwertgefühl			
Auffällige Ängstlichkeit, Schreckhaftigkeit oder Zurückhaltung im Sozialkontakt mit Erwachsenen			
Psychosoziale Situation	ROT	GELB	GRÜN
Eigene Gewalterfahrung der Eltern oder eines Elternteils			
Strukturlosigkeit der familiären Bezugspersonen			
Nicht kindgerechte emotionale Interaktionen (z. B. schroffer/kühler Umgang)			
Körperlich übergriffiges Verhalten			
Ignoranz der kindlichen Bedürfnisse			
Wirtschaftliche Probleme			
Schlechte Wohnverhältnisse			
Nicht witterungsgemäße Kleidung			
Unvollständige Vorsorgeuntersuchungen			
Mangelnde Hygiene			
Medienmissbrauch			

3. Ressourcen und Kooperationsbereitschaft des/der Sorgeberechtigten

Die Kooperationsbereitschaft und -fähigkeit der Sorgeberechtigten sind entscheidende Faktoren für das Angebot und die Inanspruchnahme von Hilfen zur Abwendung von Gefährdungsrisiken. Sorgeberechtigte können über Kompetenzen verfügen, die es ermöglichen oder erschweren bzw. verhindern, Problemlagen zu erkennen und an der Beseitigung mitzuarbeiten.

Kompetenzen	Sorgeberechtigte		Weitere Bezugspersonen (z. B. Elternteil/Großeltern)	
	Vorhanden	Nicht vorhanden	Vorhanden	Nicht vorhanden
Aggressionen und Wut kontrollieren können				
Eigene Bedürfnisse, Gefühle, Interessen und Meinungen ausdrücken und angemessen vertreten können				
Mit anderen nach Lösungsmöglichkeiten suchen und aushandeln können				
Anderen sagen können, wie man ihr Verhalten wahrnimmt und dies auch von anderen ertragen können				
Den Willen und die Grenzen anderer respektieren können				
Bereitschaft zur Abwendung der Gefährdung				
Fähigkeit zur Abwendung der Gefährdung				

4. GESAMTEINSCHÄTZUNG

ANKREUZEN		HANDLUNGSEMPFEHLUNG
☐	Die Bedürfnisse des Kindes werden sicher befriedigt, die Einschätzung zu bestimmten Merkmalen gibt keinen Anlass zur Sorge.	Keine weitere Veranlassung.
☐	Die Einschätzung ist nicht absolut sicher, es fehlen weitere Wahrnehmungen bzw. die Beurteilung einer bestimmten Fachkompetenz.	Hinzuziehung einer erfahrenen bzw. spezialisierten Fachkraft wird angeraten.
☐	Risiken sind erkennbar und Grundbedürfnisse des Kindes sind bedroht. Die Einschätzung gibt Anlass zur Sorge.	Hinzuziehung einer erfahrenen bzw. spezialisierten Fachkraft wird dringend empfohlen.

Stand vom: ______________________ **Unterschrift Fachkraft:** ______________________

Formular
Ampelbogen für 3-5 Jahre

Einrichtung und Stempel

Der Ampelbogen ist ein Teil/Instrument zur Unterstützung im Entscheidungsprozess, ob es sich im vorliegenden Fall um eine Kindeswohlgefährdung handelt oder nicht. Er soll der besseren Wahrnehmung dienen, die Entscheidung im Fachgespräch und die Dokumentation erleichtern. Er ist keinesfalls rein schematisch/mathematisch anzuwenden und ersetzt nicht das professionell geführte Fachgespräch. Es sind nur die Indikatoren anzukreuzen, die zuverlässig beurteilt werden können. Dort, wo keine Einschätzung möglich ist, bleiben die Felder leer.

Nachfolgend wird unterschieden zwischen Anhaltspunkten für

1. eine akute Kindeswohlgefährdung und

2. Risikofaktoren, die auf eine mögliche Kindeswohlgefährdung hindeuten.

Hinweis: *Um die Angaben detaillierter machen zu können, empfiehlt es sich, dem Ampelbogen die Checklisten zu den Symptomen anzuhängen!*

Datum: ______________________________

Mitarbeiter/-in: ______________________________

Kind:

Name, Vorname: ____________________ Geb.-Datum: ____________________

Anschrift: ______________________________

Sorgeberechtigte/-r:

Name, Vorname: ______________________________

Anschrift: ______________________________

Telefon: ____________________ Mobil: ____________________

Eltern verheiratet ☐

Eltern getrennt lebend/geschieden ☐

Neuer Lebenspartner ist nicht Elternteil/nicht sorgeberechtigt ☐

Bestehende Vormundschaft ☐

Andere Bezugsperson: ______________________________
(z. B. Elternteil, Großeltern)

Anschrift: ______________________________

Telefon: ____________________ Mobil: ____________________

Stand vom: ____________________ Unterschrift Fachkraft: ____________________

1. Akute Kindeswohlgefährdung:

ROT: Bereits 1 Bewertung im roten Bereich signalisiert Anhaltspunkte für eine akute Kindeswohlgefährdung. Das Jugendamt ist sofort zu informieren, da hier Gefahr im Verzug besteht.

GELB: Die Einschätzung ist nicht absolut sicher und erfordert weitere Wahrnehmungen und eine erhöhte Aufmerksamkeit innerhalb eines kurzfristigen Zeitraums unter Hinzuziehung einer erfahrenen Fachkraft.

GRÜN: Die Einschätzung zu den bestimmten Merkmalen gibt keinen Anlass zur Besorgnis.

Körperliche Erscheinung des Kindes (wenn möglich, Ergebnisse von Vorsorgeuntersuchungen mit hinzuziehen)	ROT	GELB	GRÜN
Hämatome, Mehrfachverletzungen in verschiedenen Heilungsstadien, mehrfache Kleinwunden, Striemen und Narben			
Knochenbrüche, Mehrfachbrüche mit unklarer oder nicht nachvollziehbarer Ursache			
Verbrennungen, Verbrühungen mit unklarer oder nicht nachvollziehbarer Ursache			
Wiederholt auftretende Rötungen/Entzündungen im Anal- und/oder Genitalbereich			
Unklare Schonhaltungen und Schmerzen bei Verdacht auf körperliche Misshandlung			
Psychische Erscheinung des Kindes	ROT	GELB	GRÜN
Auffälliges, altersunangemessenes sexualisiertes Verhalten			
Darstellung von erlebter Gewalt (durch Spiel und/oder Malen)			
Konkrete Mitteilungen/Andeutungen über jegliche Form von erlebter Gewalt			
Psychosoziale Situation der Sorgeberechtigten	ROT	GELB	GRÜN
Akute Phase einer Suchterkrankung eines Elternteils oder beider Elternteile			
Akute Phase einer psychischen Erkrankung eines Elternteils oder beider Elternteile			

2. Mögliche Kindeswohlgefährdung:

ROT: Signalisiert Gefahr! Risiken sind erkennbar, die Einschätzung gibt Anlass zur Besorgnis. Im Falle mehrerer Nennungen muss umgehend eine erfahrene Fachkraft zur Gefährdungseinschätzung hinzugezogen werden!

GELB: Die Einschätzung ist nicht absolut sicher und erfordert weiterer Wahrnehmungen und erhöhte Aufmerksamkeit innerhalb eines kurzfristigen Zeitraums unter der Hinzuziehung einer erfahrenen Fachkraft.

GRÜN: Die Einschätzung zu den bestimmten Merkmalen gibt keinen Anlass zur Besorgnis

Körperliche Erscheinung (wenn möglich, Ergebnisse von Vorsorgeuntersuchungen mit hinzuziehen)	ROT	GELB	GRÜN
Schlechter Pflegezustand			
Karies			
Wiederholte/anhaltende Erkrankungen (Haut, Atemwege etc.) ohne medizinische Versorgung			
Anhaltende Auffälligkeiten beim Sehen und Hören ohne medizinische Abklärung			
Zeichen der Überernährung/Unterernährung/Mangelernährung			
Verzögerung der motorischen Entwicklung ohne ärztliche/psychologische/therapeutische Abklärung			
Verzögerung der sprachlichen Entwicklung ohne ärztliche/psychologische/therapeutische Abklärung			
Verzögerung der geistigen Entwicklung ohne ärztliche/psychologische/therapeutische Abklärung			
Essstörungen			
Früh-/Mangelgeburt, Mehrlingsgeburt			

FORUM

Chronische Erkrankung, Behinderung			
Anhaltende/wiederholte Kopf- und Bauchschmerzen ohne medizinische Ursache			
Einnässen/Einkoten			
Psychische Erscheinung	ROT	GELB	GRÜN
Kind schreit viel			
Kind wirkt traurig/zurückgezogen			
Kind wirkt auffallend ruhig, teilnahmslos			
Ausgeprägt unruhiges, umtriebiges und ungesteuertes Verhalten			
Aggressives Verhalten			
Selbstverletzendes Verhalten			
Antriebsarmut und mangelndes Interesse an der Umwelt			
Ausgeprägte stereotype, selbststimulierende Verhaltensweisen (z. B. monotones/rhythmisches schaukeln, wiegen, wippen mit dem Oberkörper, hin und her werfen des Körpers im Bett usw.)			
Instabiler/ fehlender Blickkontakt			
Unsicheres/wechselndes Beziehungsverhalten (Nähe-, Distanzproblematik)			
Auffälliges Kontaktverhalten mit anderen Kindern			
Mangelndes Selbstwertgefühl			
Auffällige Ängstlichkeit, Schreckhaftigkeit oder Zurückhaltung im Sozialkontakt mit Erwachsenen			
Orientierungslosigkeit, Unaufmerksamkeit, Unkonzentriertheit			
Störungen des Sozialverhaltens			
Psychosoziale Situation	ROT	GELB	GRÜN
Eigene Gewalterfahrung der Eltern oder eines Elternteils			
Strukturlosigkeit der familiären Bezugspersonen			
Nicht kindgerechte emotionale Interaktionen (z. B. schroffer/kühler Umgang)			
Körperlich übergriffiges Verhalten			
Ignoranz der kindlichen Bedürfnisse			
Wirtschaftliche Probleme			
Schlechte Wohnverhältnisse			
Der Witterung unangemessene Kleidung			
Unvollständige Vorsorgeuntersuchungen			
Mangelnde Hygiene			
Medienmissbrauch			

3. Ressourcen und Kooperationsbereitschaft des/der Sorgeberechtigten

Die Kooperationsbereitschaft und -fähigkeit der Sorgeberechtigten sind entscheidende Faktoren für das Angebot und die Inanspruchnahme von Hilfen zur Abwendung von Gefährdungsrisiken. Sorgeberechtigte können über Kompetenzen verfügen, die es ermöglichen oder erschweren bzw. verhindern, Problemlagen zu erkennen und an der Beseitigung mitzuarbeiten.

Kompetenzen	Sorgeberechtigte		Weitere Bezugspersonen (z. B. Elternteil/Großeltern)	
	Vorhanden	Nicht vorhanden	Vorhanden	Nicht vorhanden
Aggressionen und Wut kontrollieren können				
Eigene Bedürfnisse, Gefühle, Interessen und Meinungen ausdrücken und angemessen vertreten können				
Mit anderen nach Lösungsmöglichkeiten suchen und aushandeln können				
Anderen sagen können, wie man ihr Verhalten wahrnimmt und dies auch von anderen ertragen können				
Den Willen und die Grenzen anderer respektieren können				
Bereitschaft zur Abwendung der Gefährdung				
Fähigkeit zur Abwendung der Gefährdung				

4. GESAMTEINSCHÄTZUNG

ANKREUZEN		HANDLUNGSEMPFEHLUNG
☐	Die Bedürfnisse des Kindes werden sicher befriedigt, die Einschätzung zu bestimmten Merkmalen gibt keinen Anlass zur Sorge.	Keine weitere Veranlassung.
☐	Die Einschätzung ist nicht absolut sicher, es fehlen weitere Wahrnehmungen bzw. die Beurteilung einer bestimmten Fachkompetenz.	Hinzuziehung einer erfahrenen bzw. spezialisierten Fachkraft wird angeraten.
☐	Risiken sind erkennbar und Grundbedürfnisse des Kindes sind bedroht. Die Einschätzung gibt Anlass zur Sorge.	Hinzuziehung einer erfahrenen bzw. spezialisierten Fachkraft wird dringend empfohlen.

Stand vom: ______________________ **Unterschrift Fachkraft:** ______________________

Formular
Ampelbogen für 6-11 Jahre

Einrichtung und Stempel

Der Ampelbogen ist ein Teil/Instrument zur Unterstützung im Entscheidungsprozess, ob es sich im vorliegenden Fall um eine Kindeswohlgefährdung handelt oder nicht. Er soll der besseren Wahrnehmung dienen, die Entscheidung im Fachgespräch und die Dokumentation erleichtern. Er ist keinesfalls rein schematisch/mathematisch anzuwenden und ersetzt nicht das professionell geführte Fachgespräch. Es sind nur die Indikatoren anzukreuzen, die zuverlässig beurteilt werden können. Dort, wo keine Einschätzung möglich ist, bleiben die Felder leer.

Nachfolgend wird unterschieden zwischen Anhaltspunkten für

1. eine akute Kindeswohlgefährdung und

2. Risikofaktoren, die auf eine mögliche Kindeswohlgefährdung hindeuten.

Hinweis: *Um die Angaben detaillierter machen zu können, empfiehlt es sich, dem Ampelbogen die Checklisten zu den Symptomen anzuhängen!*

Datum: ______________________

Mitarbeiter/-in: ______________________

Kind:

Name, Vorname: ______________________ Geb.-Datum: ______________________

Anschrift: ______________________

Sorgeberechtigte/-r:

Name, Vorname: ______________________

Anschrift: ______________________

Telefon: ______________________ Mobil: ______________________

Eltern verheiratet ☐

Eltern getrennt lebend/geschieden ☐

Neuer Lebenspartner ist nicht Elternteil/nicht sorgeberechtigt ☐

Bestehende Vormundschaft ☐

Andere Bezugsperson: ______________________
(z. B. Elternteil, Großeltern)

Anschrift: ______________________

Telefon: ______________________ Mobil: ______________________

Stand vom: ______________________ Unterschrift Fachkraft: ______________________

FORUM

1. Akute Kindeswohlgefährdung:

ROT: Bereits 1 Bewertung im roten Bereich signalisiert Anhaltspunkte für eine akute Kindeswohlgefährdung. Das Jugendamt ist sofort zu informieren, da hier Gefahr im Verzug besteht.

GELB: Die Einschätzung ist nicht absolut sicher und erfordert weitere Wahrnehmungen und eine erhöhte Aufmerksamkeit innerhalb eines kurzfristigen Zeitraums unter Hinzuziehung einer erfahrenen Fachkraft.

GRÜN: Die Einschätzung zu den bestimmten Merkmalen gibt keinen Anlass zur Besorgnis.

Körperliche Erscheinung des Kindes (wenn möglich, Ergebnisse von Vorsorgeuntersuchungen mit hinzuziehen)	ROT	GELB	GRÜN
Hämatome, Mehrfachverletzungen in verschiedenen Heilungsstadien, mehrfache Kleinwunden, Striemen und Narben			
Knochenbrüche, Mehrfachbrüche mit unklarer oder nicht nachvollziehbarer Ursache			
Verbrennungen, Verbrühungen mit unklarer oder nicht nachvollziehbarer Ursache			
Wiederholt auftretende Rötungen/Entzündungen im Anal- und/oder Genitalbereich			
Unklare Schonhaltungen und Schmerzen bei Verdacht auf körperliche Misshandlung			
Massive Essstörungen (z. B. Magersucht, Bulimie)			
Selbstverletzungen (z. B. Ritzen)			
Suizidversuche			
Nicht an langfristige Bindungen orientierte sexuelle Kontakte mit verschiedenen Partnern, sexuelle Freizügigkeit			
Sonstige Auffälligkeiten:			
Psychische Erscheinung des Kindes	**ROT**	**GELB**	**GRÜN**
Konkrete Mitteilungen/Andeutungen über jegliche Form von erlebter Gewalt			
Konkrete Mitteilungen/Andeutungen über erlebte sexuelle Misshandlungen			
Darstellung von erlebter Gewalt (durch Spiel und/oder Malen)			
Mitteilungen über Suizidgedanken oder Vorhaben			
Quälendes/sadistisches Verhalten gegenüber Menschen und/oder Tieren			
Sonstiges:			
Psychosoziale Situation der Sorgeberechtigten	**ROT**	**GELB**	**GRÜN**
Akute Phase einer Suchterkrankung eines Elternteils oder beider Elternteile			
Akute Phase einer psychischen Erkrankung eines Elternteils oder beider Elternteile			

2. Mögliche Kindeswohlgefährdung:

ROT: Signalisiert Gefahr! Risiken sind erkennbar, die Einschätzung gibt Anlass zur Besorgnis. Im Falle mehrerer Nennungen muss umgehend eine erfahrene Fachkraft zur Gefährdungseinschätzung hinzugezogen werden!

GELB: Die Einschätzung ist nicht absolut sicher und erfordert weiterer Wahrnehmungen und erhöhte Aufmerksamkeit innerhalb eines kurzfristigen Zeitraums unter der Hinzuziehung einer erfahrenen Fachkraft.

GRÜN: Die Einschätzung zu den bestimmten Merkmalen gibt keinen Anlass zur Besorgnis

Körperliche Erscheinung (wenn möglich, Ergebnisse Vorsorgeuntersuchungen mit hinzuziehen)	ROT	GELB	GRÜN
Schlechter Pflegezustand			
Karies			
Wiederholte/anhaltende Erkrankungen (Haut, Atemwege, etc.) ohne medizinische Versorgung			
Anhaltende Auffälligkeiten beim Sehen und Hören ohne medizinische Abklärung			
Zeichen der Überernährung			

Verzögerung der motorischen Entwicklung ohne ärztliche/psychologische/therapeutische Abklärung			
Verzögerung der sprachlichen Entwicklung ohne ärztliche/psychologische/therapeutische Abklärung			
Verzögerung der geistigen Entwicklung ohne ärztliche/psychologische/therapeutische Abklärung			
Essstörungen			
Früh-/Mangelgeburt, Mehrlingsgeburt			
Chronische Erkrankung, Behinderung			
Anhaltende/wiederholte Kopf- und Bauchschmerzen ohne medizinische Ursache			
Einnässen/Einkoten			
Psychische Erscheinung	ROT	GELB	GRÜN
Kind wirkt traurig/zurückgezogen			
Kind wirkt auffallend ruhig, teilnahmslos			
Anhaltende traurige Verstimmung (depressiv)			
Anhaltende fehlende emotionale Schwingungsfähigkeit			
Ausgeprägt unruhiges, umtriebiges und ungesteuertes Verhalten			
Aufmerksamkeits-, beziehungssuchendes Verhalten			
Aggressives Verhalten			
Selbstverletzendes Verhalten			
Antriebsarmut und mangelndes Interesse an der Umwelt			
Ausgeprägte stereotype, selbststimulierende Verhaltensweisen (z. B. monotones/rhythmisches Schaukeln, Wiegen, Wippen mit dem Oberkörper, Hin- und Herwerfen des Körpers im Bett usw.)			
Unsicheres/wechselndes Beziehungsverhalten (Nähe-, Distanzproblematik)			
Auffälliges Kontaktverhalten mit anderen Kindern			
Mangelndes Selbstwertgefühl			
Auffällige Ängstlichkeit, Schreckhaftigkeit oder Zurückhaltung im Sozialkontakt mit Erwachsenen			
Orientierungslosigkeit, Unaufmerksamkeit, Unkonzentriertheit			
Störungen des Sozialverhaltens			
Hinweise auf Zugehörigkeit zu spirituellen oder politisch radikalen Gemeinschaften			
Missbrauch von Alkohol und/oder Drogen			
Delinquenz (z. B. Stehlen, Lügen, Zündeln usw.)			
Psychosoziale Situation	ROT	GELB	GRÜN
Eigene Gewalterfahrung der Eltern oder eines Elternteils			
Strukturlosigkeit der familiären Bezugspersonen			
Körperlich übergriffiges Verhalten			
Ignoranz der kindlichen Bedürfnisse			
Kein Schulbesuch			
Schulbesuch unregelmäßig ohne plausible Begründung			
Integrationsprobleme im Klassenverband			
Wirtschaftliche Probleme			
Schlechte Wohnverhältnisse			
Der Witterung unangemessene Kleidung			
Mangelnde Hygiene			
Medienmissbrauch			

3. Ressourcen und Kooperationsbereitschaft des/der Sorgeberechtigten

Die Kooperationsbereitschaft und -fähigkeit der Sorgeberechtigten sind entscheidende Faktoren für das Angebot und die Inanspruchnahme von Hilfen zur Abwendung von Gefährdungsrisiken. Sorgeberechtigte können über Kompetenzen verfügen, die es ermöglichen oder erschweren bzw. verhindern, Problemlagen zu erkennen und an der Beseitigung mitzuarbeiten.

Kompetenzen	Sorgeberechtigte		Weitere Bezugspersonen (z. B. Elternteil/Großeltern)	
	Vorhanden	Nicht vorhanden	Vorhanden	Nicht vorhanden
Aggressionen und Wut kontrollieren können				
Eigene Bedürfnisse, Gefühle, Interessen und Meinungen ausdrücken und angemessen vertreten können				
Mit anderen nach Lösungsmöglichkeiten suchen und aushandeln können				
Anderen sagen können, wie man ihr Verhalten wahrnimmt und dies auch von anderen ertragen können				
Den Willen und die Grenzen anderer respektieren können				
Bereitschaft zur Abwendung der Gefährdung				
Fähigkeit zur Abwendung der Gefährdung				

4. GESAMTEINSCHÄTZUNG

ANKREUZEN		HANDLUNGSEMPFEHLUNG
☐	Die Bedürfnisse des Kindes werden sicher befriedigt, die Einschätzung zu bestimmten Merkmalen gibt keinen Anlass zur Sorge.	Keine weitere Veranlassung.
☐	Die Einschätzung ist nicht absolut sicher, es fehlen weitere Wahrnehmungen bzw. die Beurteilung einer bestimmten Fachkompetenz.	Hinzuziehung einer erfahrenen bzw. spezialisierten Fachkraft wird angeraten.
☐	Risiken sind erkennbar und Grundbedürfnisse des Kindes sind bedroht. Die Einschätzung gibt Anlass zur Sorge.	Hinzuziehung einer erfahrenen bzw. spezialisierten Fachkraft wird dringend empfohlen.

Stand vom: ____________________ **Unterschrift Fachkraft:** ____________________

Formular Ampelbogen für 12-18 Jahre	Einrichtung und Stempel

Formular
Ampelbogen für 12-18 Jahre

Der Ampelbogen ist ein Teil/Instrument zur Unterstützung im Entscheidungsprozess, ob es sich im vorliegenden Fall um eine Kindeswohlgefährdung handelt oder nicht. Er soll der besseren Wahrnehmung dienen, die Entscheidung im Fachgespräch und die Dokumentation erleichtern. Er ist keinesfalls rein schematisch/mathematisch anzuwenden und ersetzt nicht das professionell geführte Fachgespräch. Es sind nur die Indikatoren anzukreuzen, die zuverlässig beurteilt werden können. Dort, wo keine Einschätzung möglich ist, bleiben die Felder leer.

Nachfolgend wird unterschieden zwischen Anhaltspunkten für

1. eine akute Kindeswohlgefährdung und

2. Risikofaktoren, die auf eine mögliche Kindeswohlgefährdung hindeuten.

Hinweis: *Um die Angaben detaillierter machen zu können, empfiehlt es sich, dem Ampelbogen die Checklisten zu den Symptomen anzuhängen!*

Datum: ______________________________

Mitarbeiter/-in: ______________________________

Kind:

Name, Vorname: ______________________ Geb.-Datum: ______________________

Anschrift: ______________________________

Sorgeberechtigte/-r:

Name, Vorname: ______________________________

Anschrift: ______________________________

Telefon: ______________________ Mobil: ______________________

Eltern verheiratet ☐

Eltern getrennt lebend/geschieden ☐

Neuer Lebenspartner ist nicht Elternteil/nicht sorgeberechtigt ☐

Bestehende Vormundschaft ☐

Andere Bezugsperson: ______________________________
(z. B. Elternteil, Großeltern)

Anschrift: ______________________________

Telefon: ______________________ Mobil: ______________________

Stand vom: ______________________ Unterschrift Fachkraft: ______________________

1. Akute Kindeswohlgefährdung:

ROT: Bereits 1 Bewertung im roten Bereich signalisiert Anhaltspunkte für eine akute Kindeswohlgefährdung. Das Jugendamt ist sofort zu informieren, da hier Gefahr im Verzug besteht.

GELB: Die Einschätzung ist nicht absolut sicher und erfordert weitere Wahrnehmungen und eine erhöhte Aufmerksamkeit innerhalb eines kurzfristigen Zeitraums unter Hinzuziehung einer erfahrenen Fachkraft.

GRÜN: Die Einschätzung zu den bestimmten Merkmalen gibt keinen Anlass zur Besorgnis.

Körperliche Erscheinung des Kindes/Jugendlichen	ROT	GELB	GRÜN
Hämatome, Mehrfachverletzungen in verschiedenen Heilungsstadien, mehrfache Kleinwunden, Striemen und Narben			
Knochenbrüche, Mehrfachbrüche mit unklarer oder nicht nachvollziehbarer Ursache			
Verbrennungen, Verbrühungen mit unklarer oder nicht nachvollziehbarer Ursache			
Massive Essstörungen (z. B. Magersucht, Bulimie)			
Selbstverletzungen (z. B. Ritzen)			
Suizidversuche			
Sonstige Auffälligkeiten:			
Psychische Erscheinung des Kindes/Jugendlichen	ROT	GELB	GRÜN
Konkrete Mitteilungen/Andeutungen über jegliche Form von erlebter Gewalt			
Konkrete Mitteilungen/Andeutungen über erlebte sexuelle Misshandlungen			
Fremdgefährdendes Verhalten			
Mitteilungen über Suizidgedanken oder Vorhaben			
Quälendes/sadistisches Verhalten gegenüber Menschen und/oder Tieren			
Sonstiges:			
Psychosoziale Situation	ROT	GELB	GRÜN
Akute Phase einer Suchterkrankung eines Elternteils oder beider Elternteile			
Akute Phase einer psychischen Erkrankung eines Elternteils oder beider Elternteile			

2. Mögliche Kindeswohlgefährdung:

ROT: Signalisiert Gefahr! Risiken sind erkennbar, die Einschätzung gibt Anlass zur Besorgnis. Im Falle mehrerer Nennungen muss umgehend eine erfahrene Fachkraft zur Gefährdungseinschätzung hinzugezogen werden!

GELB: Die Einschätzung ist nicht absolut sicher und erfordert weiterer Wahrnehmungen und erhöhte Aufmerksamkeit innerhalb eines kurzfristigen Zeitraums unter der Hinzuziehung einer erfahrenen Fachkraft.

GRÜN: Die Einschätzung zu den bestimmten Merkmalen gibt keinen Anlass zur Besorgnis

Körperliche Erscheinung	ROT	GELB	GRÜN
Schlechter körperlicher Zustand			
Auffällig oft krank			
Zeichen der Überernährung			
Essstörungen			
Chronische Erkrankung, Behinderung			
Einnässen/Einkoten			

Körperliche Erscheinung	ROT	GELB	GRÜN
Nicht an langfristige Bindungen orientierte sexuelle Kontakte mit verschiedenen Partnern, sexuelle Freizügigkeit			
Sonstiges:			

Psychische Erscheinung	ROT	GELB	GRÜN
Kind/Jugendlicher wirkt traurig/zurückgezogen			
Kind/Jugendlicher wirkt auffallend ruhig, teilnahmslos			
Anhaltende traurige Verstimmung (depressiv)			
Anhaltende fehlende emotionale Schwingungsfähigkeit			
Ausgeprägt unruhiges, umtriebiges und ungesteuertes Verhalten			
Aufmerksamkeits-, beziehungssuchendes Verhalten			
Aggressives Verhalten			
Auffällig mangelnde Frustrationstoleranz			
Selbstverletzendes Verhalten			
Antriebsarmut und mangelndes Interesse an der Umwelt			
Ausgeprägte stereotype, selbststimulierende Verhaltensweisen (z. B. monotones/rhythmisches Schaukeln, Wiegen, Wippen mit dem Oberkörper, Hin- und Herwerfen des Körpers im Bett usw.)			
Unsicheres/wechselndes Beziehungsverhalten (Nähe-, Distanzproblematik)			
Auffälliges Kontaktverhalten zu Gleichaltrigen			
Mangelndes Selbstwertgefühl			
Hinweise auf Zugehörigkeit zu extremistischen Gruppierungen			
Missbrauch von Alkohol und/oder Drogen			
Delinquenz/Diebstahl, Verstöße gegen das Betäubungsmittelgesetz, Körperverletzung, Sexualstraftaten			
Schwere psychische Störung (Psychose)			
Auffälliger Medienkonsum			
Sonstiges:			

Psychosoziale Situation	ROT	GELB	GRÜN
Eigene Gewalterfahrung der Eltern oder eines Elternteils			
Eltern erkennbar überfordert			
Körperlich übergriffiges Verhalten			
Elterliche Ignoranz der altersentsprechenden Autonomiebedürfnisse			
Kein Schulbesuch			
Schulbesuch unregelmäßig ohne plausible Begründung			
Integrationsprobleme im Klassenverband			
Wirtschaftliche Probleme			
Schlechte Wohnverhältnisse			
Mangelnde Hygiene			
Sonstiges:			

3. Ressourcen und Kooperationsbereitschaft des/der Sorgeberechtigten

Die Kooperationsbereitschaft und -fähigkeit der Sorgeberechtigten sind entscheidende Faktoren für das Angebot und die Inanspruchnahme von Hilfen zur Abwendung von Gefährdungsrisiken. Sorgeberechtigte können über Kompetenzen verfügen, die es ermöglichen oder erschweren bzw. verhindern, Problemlagen zu erkennen und an der Beseitigung mitzuarbeiten.

Kompetenzen	**Sorgeberechtigte**		**Weitere Bezugspersonen (z. B. Elternteil/Großeltern)**	
	Vorhanden	**Nicht vorhanden**	**Vorhanden**	**Nicht vorhanden**
Aggressionen und Wut kontrollieren können				
Eigene Bedürfnisse, Gefühle, Interessen und Meinungen ausdrücken und angemessen vertreten können				
Mit Anderen nach Lösungsmöglichkeiten suchen und aushandeln können				
Anderen sagen können, wie man ihr Verhalten wahrnimmt und dies auch von Anderen ertragen können				
Den Willen und die Grenzen Anderer respektieren können				
Bereitschaft zur Abwendung der Gefährdung				
Fähigkeit zur Abwendung der Gefährdung				
Lebenspraktische Kompetenz				
Unrechtsbewusstsein				
Sonstiges:				

4. GESAMTEINSCHÄTZUNG		
ANKREUZEN		**HANDLUNGSEMPFEHLUNG**
☐	Die Bedürfnisse des Kindes werden sicher befriedigt, die Einschätzung zu bestimmten Merkmalen gibt keinen Anlass zur Sorge.	Keine weitere Veranlassung.
☐	Die Einschätzung ist nicht absolut sicher, es fehlen weitere Wahrnehmungen bzw. die Beurteilung einer bestimmten Fachkompetenz.	Hinzuziehung einer erfahrenen bzw. spezialisierten Fachkraft wird angeraten.
☐	Risiken sind erkennbar und Grundbedürfnisse des Kindes sind bedroht. Die Einschätzung gibt Anlass zur Sorge.	Hinzuziehung einer erfahrenen bzw. spezialisierten Fachkraft wird dringend empfohlen.

Stand vom: ______________________ **Unterschrift Fachkraft:** ______________________

FORUM

Checkliste
Fachliche Einschätzung einer möglichen Kindeswohlgefährdung nach § 8a SGB VIII und § 1666 BGB

Einrichtung und Stempel

Wie und mit welchen Methoden kann das Risiko fachlich fundiert eingeschätzt werden?[1]

Die Gefährdungseinschätzung des Kindeswohls umfasst mehrere Ebenen:

1. Die Einschätzung des Grades der Gefährdung zum Zeitpunkt des Verdachts auf Kindeswohlgefährdung anhand der Auffälligkeiten beim Kind, seiner Äußerungen über gefährdende Handlungen bzw. Unterlassungen der Eltern sowie des Verhaltens der Eltern.
2. Die Einschätzung, ob das Kind in seiner gegenwärtigen Umgebung vor einer zukünftigen Gefährdung seines Wohles geschützt ist und wie entwicklungsfähig das Familiensystem ist[2]. Sie ist prognostisch ausgerichtet und kann nur gelingen, wenn sie prozesshaft angelegt ist, um eventuell vorhandene Unsicherheiten zu beseitigen. Zur Erstellung der Prognose müssen die Lebensbedingungen des Kindes und die aktuellen Anzeichen der Kindeswohlgefährdung, den Ressourcen des Kindes und der Personen, mit denen es zusammenlebt, gegenübergestellt und ins Verhältnis gesetzt werden (siehe Ampelbogen). Zusätzlich wird eingeschätzt, wie kooperations- und veränderungsbereit/-fähig die Eltern sind oder welche Ressourcen in der Umgebung der Familie vorhanden sind bzw. welche Hilfestrukturen der Familie zur Unterstützung ihrer Entwicklung angeboten werden können.

Die methodische Vorgehensweise zur fachlichen Gefährdungseinschätzung nach § 8a SGB VIII und § 1666 BGB:

✓ Das Gespräch mit den Betroffenen:

Für eine umfassende Einschätzung ist eine Einbeziehung der Eltern unbedingt notwendig, da nur im direkten Kontakt mit Eltern und Kind sich die von außen wahrgenommenen Anzeichen einer Gefährdung genauer erfassen lassen und auch Ressourcen zur Abwendung einer möglichen Gefährdung herausgefunden werden können. Die Klärung der Frage, ob eine Kindeswohlgefährdung vorliegt und worin sie besteht, muss im Kontakt mit den Eltern und dem Kind erfolgen. Sie müssen an der Suche nach Antworten beteiligt werden und dürfen nicht nur Teil einer Untersuchung sein. (Siehe Kapitel **„Gespräche mit Eltern/Elternteilen“**)

✓ Leitfäden zur Gefährdungseinschätzung:

Die Gefährdungseinschätzung sollte auf der Grundlage verschiedener Leitfäden oder Checklisten zur Abschätzung des Gefährdungsrisikos erfolgen (siehe Kapitel **„Konkrete Maßnahmen beim Verdacht auf Kindeswohlgefährdung“**), die auf der Grundlage der Definition kindlicher Bedürfnisse und familiärer Risikofaktoren entwickelt wurden. Die Listen dienen dazu, die Einschätzung des Gefährdungsrisikos zu objektivieren, sie berücksichtigen die Entwicklung des Kindes, die Wahrnehmung der kindlichen Bedürfnisse durch die Eltern, die Eltern-Kind-Beziehung, die persönliche Entwicklung und den momentanen Stand der Beziehung der Eltern sowie ihre psychische Verfassung und konkrete Handlungsfähigkeit. Zusätzlich wird die Kooperationsbereitschaft und -fähigkeit der Eltern sowie ihre Veränderungsbereitschaft/ und -fähigkeit abgefragt. Hierbei sind verschiedene Herangehensweisen möglich:

(1) Die allgemein gehaltene Checkliste bezüglich der Einschätzung der Befriedigung der kindlichen Bedürfnisse überlässt es den Fachkräften, den Grad der Bedürfnisbefriedigung selbst einzuschätzen und altersmäßig eine eigene Bewertungsskala anzulegen.

(2) Die differenziert nach Altersstufen aufgebaute Checkliste gibt anhand eines Orientierungskatalogs Situationsbeschreibungen für den Grad der Erfüllung der kindlichen Bedürfnisse vor, die abgestimmt auf die Altersstufen den Fachkräften die Bewertung der konkreten Gefährdung erleichtern sollen (z. B. der Stuttgarter Kinderschutzbogen).

✓ Die Aufgaben der Fachkräfte/Professionellen in den jeweiligen Tätigkeitsfeldern:

Die Möglichkeiten einer differenzierten Einschätzung der Gefährdung gestalten sich je nach Aufgabe des Trägers und den sich daraus ergebenden Kontakten zu den Eltern und Kindern sehr unterschiedlich. Bei der Gefährdungseinschätzung muss nach jedem Schritt geprüft werden, ob die Handlungsmöglichkeiten der Einrichtung, die Hinweise auf eine Gefährdung festgestellt hat, ausgeschöpft sind oder zur weiteren Einschätzung andere Einrichtungen der Jugendhilfe oder des Gesundheitswesens einbezogen werden müssen:

[1] Die Checkliste wurde anhand von Literaturrecherchen und Praxiserfahrungen zusammengestellt.

[2] Wird in der Literatur oftmals als „Sozialpädagogische Diagnostik“ benannt.

1. *Die Wahrnehmung gewichtiger Anhaltspunkte*

Ein frühzeitiges Wahrnehmen von Anhaltspunkten für eine Gefährdung erhöht die Chance, mit Eltern und Kindern einen Dialog erfolgreich zu führen und die Kindeswohlgefährdung abwenden zu können. Günstig sind regelmäßige Entwicklungsgespräche über die Kinder, da Anhaltspunkte für Gefährdungen meist frühzeitig thematisiert werden können.

2. *Die Einschätzung des Grades der Gewährleistung des Kindeswohls*

Zur Objektivierung der (meist aus subjektiver Sicht/Anschauung) gewonnenen Anhaltspunkte sollte die weitere Einschätzung des Gefährdungsrisikos im Zusammenwirken mehrerer Fachkräfte (4 Augen Prinzip) oder bei Trägern der freien Jugendhilfe unter Hinzuziehung einer insoweit erfahrenen Fachkraft erfolgen:

- Ausmaß der gegenwärtigen Schädigung des Kindes/ Grad der Gewährleistung der Befriedigung der Bedürfnisse des Kindes und seines daraus resultierenden Entwicklungsstandes,
- Ressourcen von Eltern und Kind zur Abwendung zukünftiger Gefährdung
- Betrachtung der gesamten Lebenssituation des Kindes unter Einbeziehung des Kindes und der Eltern.

3. *Die Vereinbarung zur Abwendung der Gefährdung – Vermittlung von Hilfen*

Nach der Verständigung zur Gefährdungslage müssen Verabredungen über die nächsten Schritte zur Abwendung der Gefährdung getroffen werden (Schutzplan). Durch die Einrichtung werden Hilfen vereinbart, die eine künftige Gefährdung verhindern, z. B.:

- Vereinbarung, dass die Eltern das Kind künftig nicht mehr allein zum Spielplatz schicken (einfache Handlungsanweisungen),
- dass die Eltern das Kind einem Arzt vorstellen (Aufträge),
- Vereinbarung über regelmäßige Entwicklungsgespräche oder die Anmeldung bei einer Beratungsstelle.

4. *Die Hilfe mit Kontrolle*

Aushandlung von Möglichkeiten, wie die Einrichtung sich davon überzeugen kann, dass die Vereinbarungen eingehalten wurden. Der Erfolg der Vereinbarung muss an Indikatoren überprüfbar sein, die gemeinsam mit den Betroffenen entwickelt werden (z. B. Erscheinungsbild des Kindes/Hygiene, Termine bei Beratungsstellen/Nachweise)

✓ Die Rolle und Verantwortung der hinzuzuziehenden insoweit erfahrenen Fachkraft

Die Fachkraft soll gesetzlich geregelt die Einrichtungen von der Bewertung der gewichtigen Anhaltspunkte an auf den weiteren Schritten der Einschätzung des Gefährdungsrisikos begleiten. Diese Unterstützung sichert den Einrichtungen die Qualität ihrer Einschätzung. Die Aufgaben der hinzuzuziehenden Fachkraft sind:

(1) Die Unterstützung der Einrichtung bei der Bewertung der gewichtigen Anhaltspunkte.

(2) Die Begleitung der Einrichtung bei der Einbeziehung von Eltern und Kindern in die Risikoeinschätzung.

(3) Die Unterstützung der Einrichtung bei der Entwicklung von Vereinbarungen mit den Eltern zur Abwendung des Gefährdungsrisikos.

(4) Die insoweit erfahrene Fachkraft kann der Einrichtung helfen, von Verstrickungen mit Eltern und Kindern frei zu werden und sie im weiteren Prozess der Risikoeinschätzung begleiten, z. B.:
   - Hinweise bei Schwierigkeiten in der Einbeziehung von Eltern und zur Gesprächsführung geben,
   - Gemeinsam mit der Einrichtung im weiteren Verlauf überlegen, welche Vereinbarungen zur Beseitigung des Gefährdungsrisikos mit den Eltern geschlossen werden können.

(5) Die hinzuzuziehende Fachkraft ist nur beratend tätig, sie wird nicht selbst aktiv in den Klärungsprozess einbezogen, z. B. um mit Eltern und Kindern zu sprechen. Die Verantwortung für die einzelnen Schritte im Prozess der Risikoeinschätzung trägt weiterhin die Einrichtung. Die hinzuzuziehende Fachkraft ist dafür verantwortlich, dass die Einschätzung auf der Grundlage objektiver Kriterien erfolgt.

Formular
Anfrage zur Beratung einer insoweit erfahrenen Fachkraft (ISOFAK) gemäß § 8 SGB VIII

Einrichtung und Stempel

Ihr Name, Ihre Funktion innerhalb der Einrichtung:

Telefon: Mobil:

E-Mail:

Leitung:

Träger:

Ist die Leitung der Einrichtung bereits mit einbezogen?

Ja ☐ Nein ☐

Anlass der Anfrage:

Angaben zum Kind (ohne den Namen):

Alter: Geschlecht: Nationalität:

Wer wird aus Ihrer Einrichtung am ersten Gespräch mit der insoweit erfahreren Fachkraft teilnehmen?

Wurde der „Ampelbogen" bereits ausgefüllt?

Ja ☐ Nein ☐

Wenn ja, welche Gefährdungseinschätzung liegt aus Ihrer Sicht vor?

Falls nicht, bitte das **Formular Gefährdungseinschätzung,** oder das **Formular Ampelbogen** vor dem Gespräch ausfüllen und mitbringen.

Wurde ein Protokoll zu den bisher ergriffenen Maßnahmen angefertigt?

Ja ☐ Nein ☐

(Bitte möglichst zum ersten Treffen mit der ISOFAK mitbringen/chronologische Reihenfolge von Beobachtungen, Elterngesprächen o.a. Maßnahmen).

Ort/ Datum: Unterschrift:

Formular
Ergebnis des Fachgesprächs mit der insoweit erfahrenen Fachkraft gemäß § 8a SGB VIII

Einrichtung und Stempel

Name insoweit erfahrene Fachkraft: ______

Institution: ______

Datum/Ort: ______

Ergebnis:/Prognose/Indikatoren:

Unterschriften **aller** Beteiligten am Fachgespräch:

Handlungsleitfaden
Umgang und Dokumentation bei Verdachtsfällen

Einrichtung und Stempel

Umgang mit Verdachtsfällen:

Fällt bei einem Kind/Jugendlichen etwas auf, das den Verdacht einer Kindeswohlgefährdung nahelegt, so muss mit Besonnenheit und Professionalität reagiert werden.
Dazu gehört, dass man zu Beginn immer zunächst von einem Verdacht ausgeht, der erhärtet werden muss oder sich auch wieder entschärfen kann. Wird der Verdacht nicht ernst genug genommen und bagatellisiert, gerät ein Kind u.U. in akute Gefahr. Wird der Verdacht überbewertet, kann aufkommender unreflektierter Aktionismus die Situation dramatisieren und für alle Beteiligten verschlimmern.
Der folgende Handlungsleitfaden soll eine Hilfe darstellen, wie auf Verdachtsfälle reagiert werden kann. Dabei muss immer berücksichtigt werden, wie die Situation in der entsprechenden Institution geregelt ist und ob der Verdacht sich auf den institutionellen Innenbereich bezieht oder die Familie oder sonstige institutionsferne Personen betrifft.

Die hier angebotenen Grundregeln für den Umgang mit Verdachtsmomenten der Kindeswohlgefährdung und für Gespräche mit Betroffenen und Eltern sind institutionsunabhängig und so gefasst, dass jede Institution und Fachkraft sie für ihre Situation konkretisieren kann.

„Auffälliges" bemerken:

Irgendetwas – eine Bemerkung, eine physische Auffälligkeit, ein Bild oder eine Beobachtung – ist meist der Anlass, der den Verdacht einer Kindeswohlgefährdung entstehen lässt. (siehe **Checklisten Mögliche Symptome)**

Dieses Auffällige kann sein:

Im Bereich des Kindes

- Ernährungs- oder Gesundheitsprobleme, wie extremes Über- oder Untergewicht
- unzureichende Hygiene
- schmutzige, kaputte, unpassende, nicht witterungsgerechte Kleidung
- Entwicklungsverzögerungen oder -störungen, Regressionen
- ungewöhnlich aktives oder passives Verhalten
- distanzloses und/oder aggressives Verhalten
- selbstverletzendes Verhalten
- soziale Isolation (kein Interesse an sozialen Kontakten)
- ungewöhnliche Erzählungen

Im Bereich der Familie

- Arbeitslosigkeit, finanzielle Probleme, Schulden
- unzureichende Wohnverhältnisse (zu wenig Wohnraum, keine Möbel etc.)
- Überforderung der Erziehungsperson(en)
- psychische Probleme der Eltern
- Suchterkrankung der Eltern
- Trennung der Eltern

BIG – die Formel für den Umgang mit Verdachtsfällen:

Die auf diese ersten Auffälligkeiten folgende Phase ist gekennzeichnet durch drei Schritte, die sich aneinander anschließen:

B Beobachten

I Informieren

G Gemeinsam handeln

„Big" bedeutet im Englischen „groß". Dahinter kann die Ermutigung stehen, sich groß zu machen gegen Kindeswohlgefährdung, Größe zu zeigen, stark zu sein, hinzusehen, zu helfen, Leid zu verhindern und Misshandlung zu stoppen.

1. Beobachten:

Wichtig ist in erster Linie, die eigene Beobachtung zu schärfen und zu intensivieren. Dazu gehört auch die sensible Wahrnehmung von möglichen Gefahrenpotenzialen.
Die Beobachtungen sollten mit Datum und Ort festgehalten werden (siehe **Beobachtungsbogen Anzeichen und Verhalten, Formular: Dokumentation Verdacht)**. Eine Kindeswohlgefährdung ist kein singuläres Ereignis, sondern vollzieht sich über einen längeren Zeitraum, sodass Veränderungen des Kindes auch erst schleichend auftreten können. Diese Beobachtungen sollten in Abgleich zu den bisherigen Entwicklungen des Kindes gebracht werden.

In die Beobachtungen sollte immer auch ein Kollege einbezogen werden. Das Vier-Augen-Prinzip besagt, dass vier Augen mehr als zwei sehen. Nicht jedem fällt dasselbe auf – bringt man die Beobachtungen jedoch zusammen, ergibt sich ein umfassenderes Bild. Auch können im Vier-Augen-Prinzip die eigenen Beobachtungen verifiziert werden.
Zudem muss ein angemessener Zeitraum festgelegt werden, nach dem die Beobachtungen besprochen und bewertet werden müssen. Allerdings ist zu berücksichtigen, dass bei Verdachtsmomenten, die die existenzielle Grundversorgung des Kindes betreffen, der Beobachtungszeitraum deutlich kürzer sein muss, bevor zum Schutz des Kindes interveniert wird.

2. Informieren:

Den Beobachtungen sollten Informationen zum Lebensumfeld des Kindes zur Seite gestellt werden. Zu fragen ist, ob es Umstände oder Veränderungen in der Familie gibt, die die aufgefallene(n) Veränderung(en) rechtfertigen und von zeitlich begrenzter Dauer sind, wie z. B. veränderte Arbeitszeiten der Eltern, ein Wohnungswechsel, oder ob es Veränderungen gibt, die problematisch sind und zu einer schwierigen Lebenssituation des Kindes geführt haben, wie z. B. Scheidung der Eltern oder Arbeitslosigkeit.
In diesem Zusammenhang können Informationen bedeutsam werden, die die bisherige Lebensgeschichte der Familie betreffen und vielleicht erst in einer ungünstig veränderten Situation zum Tragen kommen. Dazu können Belastungsfaktoren gehören, die die Fähigkeit und Kraft, eine Krise zu bewältigen, beeinträchtigen können. Dazu gehören aber ebenso Faktoren, die Ressourcen zur Bewältigung von Krisen freisetzen können.

3. Gemeinsam handeln:

Mit den dokumentierten Beobachtungen und Hintergrundinformationen sollte in einen kollegialen Diskussions- und Bewertungsprozess eingestiegen werden. Im Anschluss daran müssen weitere Handlungsschritte gemeinsam abgesprochen werden. Dabei ist es hilfreich, sich bereits im Vorfeld auf Konfliktsituationen (z. B. ein Elterngespräch) einzustellen und sich gegenseitig Rat und Unterstützung zu geben. Zudem helfen verschiedene Blickwinkel und Wahrnehmungen, ein sachlicheres und genaueres Bild zu erstellen, sich gegenseitig zu hinterfragen und zu reflektieren. Eine gute Möglichkeit hierfür ist die kollegiale Fallberatung. (siehe **Leitfaden Vorbereitung eines Elterngesprächs, Leitfaden Fallbesprechung)**

Eine weitere Möglichkeit, sich bezüglich weiterer Schritte beraten zu lassen, ist der Austausch mit einer Fachstelle. Dabei ist zu berücksichtigen, dass die Situation, über die man sprechen möchte, anonymisiert dargestellt werden sollte und Daten jeglicher Art nur weitergegeben werden, wenn sie der Einschätzung der Situation dienlich sind. (siehe **Leitfaden Rechtliche Rahmenbedingungen für den Kinderschutz)**. Außer im Fall einer konkreten Kindeswohlgefährdung braucht man das Einverständnis der Sorgeberechtigten, wenn Fachstellen hinzugezogen werden (siehe **Formular Schweigepflichtsentbindung)**.

Sonderfall sexueller Missbrauch:

Bei einem Verdacht auf sexuellen Missbrauch ist zu berücksichtigen, dass auf jeden Fall eine Fachstelle eingeschaltet werden muss. Zum einen können längere Beobachtungszeiten, Diskussionen und Bewertungen der Beobachtungen unter Kollegen zu einer Fehleinschätzung der Situation führen. Zum anderen erlaubt die drohende psychische wie physische Schädigung des Kindes keinerlei Aufschub. Die betreffende Fachstelle wird geeignete weitere Maßnahmen empfehlen und entsprechende Berater vermitteln.

Wenn sich ein Kind offenbart ...

Offenbart sich ein Kind oder Jugendlicher selbst über eine Misshandlung, kommt zu der Methode BIG noch ein weiterer Schritt hinzu: das Gespräch mit dem Kind/Jugendlichen selbst. Hier kann es plötzlich sehr schwierig werden, sich „richtig" zu verhalten, zumal man damit rechnen muss, dass das, was man zu hören bekommt, für einen selbst ein Schock sein kann (eventuell könnte der Täter, von dessen Übergriff das Kind erzählt, ein geschätzter Kollege, guter Bekannter, Nachbar, Vorgesetzter o. Ä. sein).

Wichtige Grundregeln für dieses und weitere Gespräche mit betroffenen Kindern und Jugendlichen sind:

- Ruhig bleiben! Geduldig zuhören und behutsam nachfragen.
- **Vorsicht:** Bei den Nachfragen ist es wichtig, nicht in eine bestimmte Richtung zu fragen. Es dürfen keine Suggestivfragen gestellt werden!
- Das Kind sollte darin bestätigt werden, dass es gut und richtig war, sich offenbart zu haben. Für das Kind bedeutet dies eine immense Überwindung, die mit viel Angst besetzt ist – v. a. wenn der Misshandelnde (bisheriges) Schweigen erzwungen hat und/oder mit Liebesentzug gedroht hat.
- Das Gespräch sollte signalisieren, dass das Kind immer wieder kommen kann, wenn es sich anvertrauen möchte. Es gibt keine Konsequenzen, die das Kind nicht will (auch keine „Zwangshilfe"!).
- Das Kind sollte erfahren, dass es keinerlei Schuld an dem hat, was ihm widerfahren ist. Oft empfinden Betroffene große Schuldgefühle, etwas falsch gemacht zu haben und an den Vorfällen selbst schuld zu sein. Diese Gefühle sollten dem Kind genommen werden.
- Das Gespräch sollte rein zuhörend und aufnehmend sein, es sollten keine Wertungen vorgenommen werden. Wertungen können dem Kind das Gefühl geben, in seinem eigenen Empfinden und seiner eigenen Bewertung nicht richtig zu liegen.
- Jedes weitere Vorgehen nach dem Gespräch ist mit dem betroffenen Kind zu besprechen. Dabei muss sich das Kind darauf verlassen können, dass seine Ängste und Befürchtungen ernst genommen werden. Es muss das Gefühl haben, die Situation selbst kontrollieren und (mit-)bestimmen zu können.
- Das Kind sollte wissen, dass alles, was es anvertraut hat, auch vertraulich behandelt wird. Zu informieren sind zunächst lediglich die Vorgesetzten (Schulleitung, Kindergartenleitung, Vereinsvorsitzende(r) etc.) sowie eventuell die zuständige Fachberatungsstelle (Jugendamt). Auch darüber ist mit dem Kind offen zu sprechen und seine diesbezüglichen Gefühle und Ängste sind ernst zu nehmen.

Was nicht sein darf!

- Gegen den Willen des Kindes dürfen weder die Eltern und/oder der mutmaßliche Täter informiert noch die Polizei benachrichtigt werden! Einzige Ausnahme sind akute, schwerwiegende Kindeswohlgefährdungen.
- Es darf kein Schritt ohne die Information und Zustimmung des Kindes erfolgen (keine „Zwangshilfe"). Für das Kind erfordert es große Überwindung, sich überhaupt zu offenbaren. Oft braucht es einige Zeit, bis das Kind in der Lage ist, weiteren Schritten zuzustimmen. Dafür bedarf es Geduld. Hat das Kind das Gefühl, ein zuverlässiges Gegenüber zu haben, wird es auch den Mut haben, Hilfe anzunehmen.
- Niemals darf ein Gespräch zwischen dem betroffenen Kind und dem mutmaßlichen Täter arrangiert werden. Das Kind ist vielmehr (zunächst geschickt) aus dem Wirkungskreis des mutmaßlichen Täters herauszunehmen.

Alle Gespräche, Beobachtungen, Informationen und Schritte sind zu dokumentieren (siehe **Merkblatt Dokumentation im Verdachtsfall, Formular Dokumentation Verdachtsfall, Formular Beobachtungsbogen**).

Gespräch mit den Eltern:

In allen Einrichtungen, die mit Kindern und Jugendlichen arbeiten, finden Gespräche mit den Eltern statt. Oft dienen diese Gespräche dem vertrauensvollen offenen Austausch mit den Eltern, bieten Unterstützung an, informieren über die Entwicklung des Kindes und pflegen den Kontakt zwischen Einrichtung und Elternhaus.
Elterngespräche dienen aber auch dazu, Probleme anzusprechen. Dabei können unterschiedliche Wahrnehmungen, Erwartungen und Vorstellungen aufeinanderprallen. Besonders schwierig sind in diesem Zusammenhang Gespräche, die eine (vermutete) Kindeswohlgefährdung zum Thema haben.
Auf ein möglicherweise notwendiges Elterngespräch muss man sich deshalb sehr gut vorbereitet werden (siehe **Kapitel Gespräche mit Eltern/Elternteilen**).

Die Vorbereitung muss eine klare Struktur der Gesprächsziele und Erwartungen gewährleisten und mögliche Reaktionsweisen der Eltern berücksichtigen, ohne von den Zielen (wesentlich) abzuweichen.

Wichtig: Bei allen Schritten steht das Wohl des Kindes an erster Stelle!

FORUM

Was ist wie bei Verdacht zu dokumentieren?

Eine bedeutende Rolle kommt in Kindeswohlverfahren einer qualifizierten Dokumentation zu. Vom ersten Verdacht an muss genau dokumentiert werden, was bezüglich des Falles geschehen ist.

Eine gute Dokumentation gibt allen mit dem Fall Befassten Sicherheit und Übersicht und erleichtert die Weitergabe des Falles an das Jugendamt. Sie ist zudem insofern wichtig, als die Dokumentation im Falle der Einschaltung des Familiengerichtes einer staatsanwaltlichen bzw. gerichtlichen Überprüfung genügen muss. Im besonderen Fall eines sexuellen Missbrauchs könnte es später zu einer Strafanzeige kommen, für die eine gute und vollständige Dokumentation eine stabile Grundlage bildet.

Jede Gemeinde (Jugendamt), viele Schulen, Kindergärten, Vereine und Kirchen stellen entsprechende Handlungsleitlinien und Vordrucke bereit, die bei Bedarf abgerufen werden können.

Folgende allgemeine Informationen sind in der Dokumentation festzuhalten:

- Personen, Zeiten, Orte, Umstände müssen genau vermerkt werden.
- Beobachtungen, Annahmen und Einschätzungen müssen klar dargestellt werden.
- Gespräche und Vereinbarungen, deren Ergebnisse und Überprüfung müssen genau beschrieben werden.
- Handlungsschritte müssen nachvollziehbar sein, d. h. Entscheidungen müssen klar formuliert sein, und die den Handlungen zugrunde liegenden Annahmen müssen klar erkennbar sein.
- Wahrnehmungen, Beobachtungen und objektive Sachverhalte müssen erkennbar deutlich von Interpretationen und Bewertungen getrennt sein.

Im Einzelnen sind aufzuführen:

✓ Der erste Verdacht und seine Informationsquelle (Offenbarung, eigene Anschauung, Dritte)
✓ Welchen Inhaltes ist der erste Verdacht, was wurde berichtet, beobachtet?
✓ Wann wurde wer (Vorgesetzter?) von dem Anfangsverdacht informiert?
✓ Welche Gefährdungseinschätzung wurde getroffen?
✓ Wer wurde noch hinzugezogen? Wann?
✓ Weitere Beobachtungen, neue Vorkommnisse mit Datum, Ort und der Informationsquelle
✓ Welche folgenden Schritte wurden eingeleitet?
✓ Wann fanden Gespräche statt? Mit dem Betroffenen? Mit den Eltern?
✓ Verlauf der Gespräche, Ergebnisse und Vereinbarungen
✓ Angebotene Hilfsleistungen, Annahme oder Verweigerung
✓ Beratungsgespräche mit Fachstellen (Jugendamt?), Ergebnisse
✓ Welche Informationen wurden in welcher Form und wann an externe Stellen (Jugendamt, Familiengericht etc.) weitergegeben, welcher Mitarbeiter war der Empfänger (und damit auch der Verantwortliche für die weitere fachliche Bearbeitung und Einschätzung des Falles)?

Für Ärzte gelten darüber hinaus bestimmte Standards zur Dokumentation von Verletzungsbildern. Diese sind bei der Ärztekammer zu erfragen und entsprechende dort erstellte Formulare zu nutzen.

Wichtig bei den Dokumentationen ist, dass bestimmte Punkte immer wieder überprüft und ggf. ergänzt werden. Dazu gehören sogenannte flexible Punkte, wie z. B. Beobachtungen, Gespräche, Reaktionen auf Hilfsangebote. Neue Beobachtungen müssen ebenso genau dokumentiert werden wie der Anfangsverdacht. Gespräche können neue Wendungen nehmen, die dem Fall eine andere Entwicklungsrichtung geben. Hilfsangebote können – nachdem sie zunächst ausgeschlagen wurden – plötzlich angenommen werden (oder umgekehrt, begonnene Unterstützungen werden abgebrochen).

Zusätzlich zu der formalen Dokumentation können persönliche Notizen gemacht werden, die selbstverständlich dem gleichen Schutz unterliegen wie alle anderen Informationen und Daten des Falles.
Sie können sich als sehr hilfreich erweisen, wenn über die formale Dokumentation zusätzliche Informationen oder Einschätzungen notwendig werden. Hier ist auch der Platz für persönliche Interpretationen und Wertungen – auch sie können u. U. hilfreich sein, z. B. wenn es darum geht, wann eine Beobachtung zu einem Verdacht wurde und ab wann etwa der Beobachtende ein „ungutes Gefühl" hatte oder Vermutungen äußerte, die (noch) nicht zu belegen sind, für die weitere Entwicklung des Falles aber zur Gefahrenminderung hilfreich waren.

Grundsätzlich ist es wichtig, sich prophylaktisch beim zuständigen Jugendamt/Kreis/Stadt/Landratsamt etc. nach den dort üblichen, erforderlichen Vordrucken zu erkundigen und diese bereitzuhalten. Dies erleichtert und beschleunigt später mögliche Verfahren und hilft, dem betroffenen Kind schneller und effektiver helfen zu können.

Formular
Dokumentation Verdachtsfall

Einrichtung und Stempel

Name des Kindes: ______________________

Gruppe/Klasse: ______________________

Zeitraum der Beobachtung: ______________ Datum: ______________

Name der Beobachterin/
des Beobachters: ______________ Ort: ______________

Beobachtung	Wann	Von wem

	Was?	Wann?	Von wem?
1. Prüfung im Vier-Augen-Prinzip			
2. Ausfüllen der **Checklisten Mögliche Symptome einer Kindeswohlgefährdung**			
3. Information der/des Vorgesetzten			
4. Entscheidung über das weitere Vorgehen			
5. Ausfüllen einer Gefährdungsanalyse (entweder Datenbogen oder Ampelbogen)			
6. Entscheidung über das weitere Vorgehen			
7. Vorstellen des Falles im Rahmen einer Kollegialen Fallberatung			
8. Entscheidung über das weitere Vorgehen			
9. Hinzuziehen einer insoweit erfahrenen Fachkraft			
10. Entscheidung über das weitere Vorgehen			
11. Gespräch mit den Eltern			
12. Entscheidung über das weitere Vorgehen			
13. Hinzuziehen des Jugendamtes			
14. Entscheidung über das weitere Vorgehen			

Merkblatt
Kindgerechtes Agieren

Einrichtung und Stempel

Was heißt „kindgerecht" im Allgemeinen?

Die Definition des Wortes „kindgerecht" lautet: einem Kind entsprechend, kindgemäß. Das hilft in der konkreten Ausgestaltung nicht viel weiter. Wir müssen genau hinschauen, was Kindern „entspricht", ihnen „gemäß" ist und ihnen „gerecht" wird.

Der beste Weg zum handlungsleitenden Verständnis des Begriffes führt durch die Augen des Kindes. Verstehen wir, wie Kinder ihre Welt sehen (und fühlen) und welche Bedürfnisse sie haben, dann können wir auch erkennen, wie wir unser Handeln daran ausrichten können. Das ist zunächst einmal ein sinnvoller Grundsatz für jeden Umgang mit Kindern und Jugendlichen, sei es in der familiären Erziehung, in der Schule oder in Freizeitangeboten.

Schauen wir in die Historie, so hat der Begriff „kindgerecht" noch eine recht junge Geschichte. Die erste Ideen unserer heutigen modernen Vorstellung von „Kindheit" sind Initial ca. 200 Jahre alt. Aber von der Idee zur weitläufigen Umsetzung verging weitere Zeit bis gut ans Ende des 19. Jahrhunderts. Seinen konkreten Beginn nahm der Blick durch die Augen der Kinder mit dem Erfinder des Kindergartens Friedrich Fröbel, der 1840 den ersten Kindergarten einrichtete. Frühere Einrichtungen dienten eher einer frühkindlichen Beschulung/Erziehung und weniger dem kindgerechten Entwicklungsraum, den Fröbel schaffen wollte. Kindern sollten Schutz und Entfaltung gewährt werden, sie sollten vor Erwerbsarbeit geschützt sein und es sollten alle Kinder gleiche Entwicklungsmöglichkeiten bekommen und gleichen Schutz erfahren.

Kindgerecht ist eine Einrichtung, eine Erziehung, eine Handlung also dann, wenn sie den Blick durch die Augen des Kindes mitberücksichtigt: wie sehen Kinder ihre Lebenswelt, was denken und fühlen sie, was sagt uns ihr Verhalten darüber? Wichtig ist dabei, von erwachsenen Bewertungskategorien abzusehen und den Blick des Kindes zunächst neutral wahrzunehmen.

Was heißt „kindgerecht" im speziellen Fall einer möglichen Kindeswohlgefährdung?

Im Zuge einer Gefährdungseinschätzung und möglicher Intervention spielen drei Aspekte eine Rolle:

- die Klärung des Beziehungskonfliktes in der Familie,
- die eigentliche Gefährdungseinschätzung für das Kind und
- die Realisierung von Interventions- und Hilfsmöglichkeiten.

Für alle drei Aspekte ist der Kontakt zum Kind/Jugendlichen notwendig. Dabei ist zu beachten, dass sich das Kind/der Jugendliche in einer schwierigen Doppelrolle befindet, es/er ist Teil des familiären Konfliktes und gleichzeitig sein Opfer. Die Kontaktgestaltung muss seitens des Gesprächsführenden neben den Fähigkeiten der Gesprächsführung (altersgerechte Sprache, aktives Zuhören, Aufbau einer Vertrauensbeziehung) auch berücksichtigen, dass das Kind/der Jugendliche in die familiäre Dynamik verstrickt ist.

Misshandelten Kindern, ob psychisch, physisch, emotional oder sexuell, ist grundsätzlich gemein, dass sie in großen emotionalen Konflikten stehen. Sie fühlen sich (mit-)schuldig an dem, was in der Familie und speziell ihnen widerfährt, verstehen ihre eigene Rolle in der Familie nicht und sind mit den Erwartungen und Reaktionen, die ihnen entgegengebracht werden, überfordert. Sie bilden kein stabiles Beziehungs- und Bindungsempfinden aus und können mit Grenzen, Nähe und Distanz oft nicht adäquat umgehen. Ihr Schuldgefühl resultiert daraus, dass sie sich wünschen, die schlimme Situation möge ein Ende haben, die Gewalt aufhören, der Missbrauch oder die Vernachlässigung enden. Sie wissen nicht, wie das gelingen kann, und ihre Verhaltensweisen und Reaktionen sind Ausdruck dieser erfolglosen Versuche. Sie lernen mit der Zeit, dass sie nicht gut genug, nicht brav genug, nicht … genug sind, um den vermuteten Erwartungen zu entsprechen, und bestraft werden oder dass ihre Wünsche und Bedürfnisse enttäuscht werden und nicht berechtigt sind. Das alles können sie im Allgemeinen nicht kognitiv reflektieren. Ihre Darstellung ist der „Blick durch ihre Augen" und der Gesprächspartner hat die Aufgabe, diesen Blick wahrzunehmen und im Rahmen der Gesamtsituation zu erklären.

Sexuell missbrauchte Kinder/Jugendliche stehen über das Obige hinaus oft zusätzlich unter einem Schweigedruck. Sie dürfen nicht über das Erlebte sprechen, haben Angst, dass nach einer Offenbarung die Familie zerbricht und begegnen Gesprächspartnern oft mit Misstrauen. Auch hier ist wichtig, den Blick durch ihre Augen (ganz konkret: wenn ich dir erzähle, was mir passiert, geht meine Familie kaputt – du bist eine Bedrohung für mich/uns) wahrzunehmen und ernst zu nehmen.

Kinder und Jugendliche sind ihren Familien gegenüber loyal – auch wenn sie Schlimmstes dort erleben. Ihre Eltern sind die einzigen, die sie haben, sie bilden einen minimalen Halt, der nicht wegbrechen darf. Dafür sind sie bereit, auch ihre Peiniger in Schutz zu nehmen und Situationen zu verharmlosen. Das ist für sie eine Überlebensstrategie, ohne die sie ihre Lebenssituation nicht aushalten könnten.

Wichtige Grundsätze

Für die Gespräche und den Umgang mit Kindern und Jugendlichen, für die der Verdacht einer Kindswohlgefährdung besteht, bedarf es sorgsamer Vorbereitung:

Alles im Kopf haben: alle verfügbaren Informationen und Dokumente müssen verinnerlicht sein.

Kleine Ziele setzen: Das erste Gespräch dient der Kontaktaufnahme, des Kennenlernens und der achtsamen Beobachtung. Das Ziel des ersten Gespräches ist es, eine zarte Brücke zu bauen, auf der beide in weiteren Gesprächen aufeinander zugehen können – das Kind im Vertrauensaufbau, der Gesprächspartner mit Verlässlichkeitsgarantie. Das Gespräch bietet weit offenen Raum für die Dinge des Kindes, der Gesprächspartner vermittelt Interesse – egal, wovon das Kind spricht (man beachte: Kinder in einer Kindswohlgefährdungssituation kennen es oft nicht, dass sich ein Erwachsener für seine Sicht interessiert. Das Gefühl dafür muss langsam aufgebaut werden; das Misstrauen, das Interesse und die Aufmerksamkeit wieder zu verlieren und mit Verschlossenheit oder unangemessener „klammernder" Nähe zu reagieren, ist groß).

Offene Fragen stellen: Fragen sollten offen und ungerichtet sein. Da diese Kinder und Jugendlichen ein sehr feines Gespür für mögliche Bedrohung ihrer Familie haben (s. o.), steigt ihre Abwehr mit dem Gefühl, zu eindringlich und gesteuert befragt zu werden. Wenige offene Fragen mit viel Raum verschaffen mehr Informationen als viele eng gesteuerte Fragen und tragen mehr zum Gesamtverständnis der komplexen Situation bei.

Auf sich selbst achten: Kinder und Jugendliche aus kindswohlgefährdenden Verhältnissen können oft keine stabile Beziehungsfähigkeit aufbauen. Unsere Vorstellungen eines Verfahrensablaufes entsprechen unserem eigenen Verpflichtungsgefühl – haben wir einen Gesprächstermin absolviert und weitere sind geplant, so erwarten wir von uns und anderen, dass diese weiteren wahrgenommen werden. Die begleiteten Kinder und Jugendlichen (wie auch oft ihre Sorgeberechtigten) haben dieses Empfinden nicht entwickeln können, bleiben u. U. weg und kommen eventuell zu späteren Terminen wieder. Der Gesprächspartner empfindet Enttäuschung und Ärgernis. Dies zu reflektieren ist ein wichtiger Schutz vor Gegenübertragungen. Es geht in diesen Gesprächen nicht um den Helfenden, seine mühevolle Vorbereitung und seine (enttäuschten) Erwartungen an Anerkennung, Zuverlässigkeit und Pünktlichkeit, sondern um das Kind, den Jugendlichen und seine ihm versagte und sich in „Unzuverlässigkeit", „Nachlässigkeit" oder „Unpünktlichkeit" ausdrückende Entwicklung.

Nicht alles kann vertraulich bleiben: In Einzelgesprächen vertrauen sich Kinder und Jugendliche letztlich oft an. Der Gesprächspartner muss dabei beachten, dass a) das Kind sich in eigener Perspektive dadurch in Loyalitäts- und Schuldkonflikte begibt und b) dennoch eine Intervention erfolgen – m. a. W. die Vertraulichkeit aufgehoben werden muss, um helfen zu können. Dabei ist zu beachten, dass das Kind/der Jugendliche weder umfassende (nicht zu haltende) Lösungs-Versprechungen bekommt noch in seinem Vertrauen gänzlich enttäuscht wird. Es gilt, einen weichen Mittelweg zu finden und im Gespräch klar zu machen, wo die Vertraulichkeit nicht gewährt werden kann. Kinder und Jugendliche können durchaus dafür Verständnis entwickeln, wenn sie den Gesprächspartner als stabile Bezugsperson empfinden können (durch die Augen des Kindes: der es nicht verlässt und enttäuscht/bestraft, wenn es sich offenbart).

Das Kind ist Selbstzweck: Kinder und Jugendliche dürfen in den Gesprächen nicht das Gefühl bekommen, das Gespräch diene nur der Information über die Situation – sie also ausgefragt und damit „benutzt" werden. Diese Situation kennen sie: ihre Interessen, ihre Wünsche, ihre Sichtweise und Gefühle werden übergangen und einem Fremdzweck geopfert. Gewonnenes Vertrauen wird dadurch wieder zerstört und die Hilfesituation wird zum „Trigger" der erlebten Vernachlässigung/Misshandlung/Ausnutzung.

Die ersten Gespräche und das erste Brückenbauen können wie ein Eisbrecher wirken: Ist der Weg frei (Vertrauen, sichere Situation, Halt) und wird er freigehalten (der Gesprächspartner blickt immer wieder „durch die Augen des Kindes"), so bietet er ein Fahrwasser für weiterführende Hilfsangebote und Interventionsmöglichkeiten, die dann auch angenommen werden *können*.

Zusammenfassung

„Kindgerecht" ist das Agieren in Kindeswohlgefährdungsverfahren immer dann, wenn

a) das Kind/der Jugendliche das Gefühl hat, der Blick durch seine Augen auf Situationen, Personen und Umgebungen erfährt Wahrnehmung und Ernstnehmung,
b) seine Wünsche und Bedürfnisse wahrgenommen und ernstgenommen werden,
c) seine Schwierigkeiten und Unzulänglichkeiten als Ausdruck seiner belastenden Situation und seiner ihm versagten Entwicklungs- und Entfaltungsmöglichkeiten wahrgenommen werden.

Formular
Nachverfolgung eines Falls

Einrichtung und Stempel

Jeder Einzelfall sollte mit standardisierten, ineinandergreifenden, lückenlosen Verfahrensablaufschritten bearbeitet werden. Die Standardisierung hilft den beteiligten Personen, unabhängig von Personalwechseln, Krankheitsvertretungen oder Übergaben bei Umzug der betroffenen Familien, schnell einen Überblick zu erhalten und zu sehen, an welchem Punkt der Einzelfallhilfe sich der Fall gerade befindet. Das verhindert Lücken im Verfahren, die die Gefahr für das Kind erhöhen können.

Ein wichtiger Aspekt der Einzelfallhilfe ist die Nachverfolgung des Falls.
Sie lässt im Idealfall lückenlos erkennen, welche Maßnahme zu welchem Erfolg geführt hat und wo nachgebessert, verändert, neu gedacht oder Maßnahmen auch als erfolgreich abgeschlossen werden konnten.

Im Verfahren der Einzelfallhilfe siedelt sich die Fallnachverfolgung zwischen der Realisierung der Fallplanung und dem Fallabschluss an.

Einzelfallhilfe – ein möglicher Ablauf in fünf Schritten:

1. Anlage des Falls mit Gefährdungseinschätzung
2. Vereinbarung des individuellen Fallplans
3. Realisierung des Fallplans – konkrete Maßnahmen, Zeitfenster und beteiligte Personen
4. **Fallnachverfolgung**
5. Fallabschluss

Die Fallnachverfolgung erfolgt regelmäßig, ist eine der wichtigsten Maßnahmen und erfüllt zwei wichtige Zwecke:

Sie prüft, ob und wie die Maßnahmen des Fallplans umgesetzt werden und ob die Maßnahmen die erhoffte Wirkung zeigen und die Situation zum Wohle des Kindes verändern und verbessern.

Die wichtigste Frage der Nachverfolgung ist die nach der Verbesserung der Situation. Wird sie verneint, muss eine neue Gefährdungseinschätzung erfolgen – im Verfahrensablauf also ein Rückgriff auf Schritt 2 und im Folgenden eine Änderung des Fallplans, um mit veränderten oder anderen Maßnahmen die Sicherheit des Kindes zu erhöhen.

Sie gewährt den zeitlichen Rück- und Ausblick über den Fall, seine Genese, seine Maßnahmen und seine Fortentwicklung. Für etwaige spätere Recherchen und Ermittlungen in strafrechtlicher Hinsicht und für die Reflexion anstehender Entscheidungen sind die Informationen der Nachverfolgung elementar wichtig.

Der letzte Schritt eines Fallverfahrens, der Fallabschluss (entweder, weil sich die Situation des Kindes ausreichend verbessert hat oder weil der Fall aufgrund Umzugs der Familie in andere Hände übergeben wird) sollte nur erfolgen, wenn die Nachverfolgung gesichert ist. Auch später sollte auf die exakte und vollständige Dokumentation v. a. der Dynamik des Falles zurückgegriffen werden können.

Formular zur Fallnachverfolgung

(Name des Kindes) ______________________ (Fallnummer) ______________________

(Name des zugewiesenen Mitarbeiters) ______________________ (Datum) ______________________

Was hat sich seit der letzten Nachverfolgung geändert?

Allgemeine Veränderungen

____

____

____

____

Wirkung der getroffenen Maßnahmen

Maßnahme: ______________________ Wirkung: ______________________

Maßnahme: ______________________ Wirkung: ______________________

Maßnahme: ______________________ Wirkung: ______________________

Maßnahme: ______________________ Wirkung: ______________________

Maßnahme: ______________________ Wirkung: ______________________

Für welche Informationen zur Nachverfolgung brauche ich weitere beteiligte Personen?

Fragestellung: ______________________ Auskunftsperson: ______________________

Fragestellung: ______________________ Auskunftsperson: ______________________

Fragestellung: ______________________ Auskunftsperson: ______________________

Fragestellung: ______________________ Auskunftsperson: ______________________

Fragestellung: ______________________ Auskunftsperson: ______________________

Konsequenzen aus der Nachverfolgung: Welche Maßnahmen müssen geändert werden?

____

____

____

____

____

____

Sonstige Notizen

____

____

____

____

GESPRÄCHE MIT ELTERN/ ELTERNTEILEN

Leitfaden
Vorbereitung eines Elterngesprächs

Einrichtung und Stempel

Kollegiale Fallberatung zur Vorbereitung eines Elterngesprächs:
Der Ablauf erfolgt als Methode kollegialer Zusammenarbeit für Kleingruppen in 10 Schritten nach einem festgelegten Schema[1] (Gesamtdauer ca. 70 Minuten).
Sie bringen Ihren Fall ein und gemeinsam werden konkrete Problem- oder Konfliktlösungsversuche entwickelt.

1. Schritt: Startphase – „Rollenverteilung" – Zeitdauer ca. 5 Minuten

In dieser Phase wird festgestellt, wer eine Beratung durch die Gruppe wünscht und es erfolgt die Klärung folgender Fragen:
- ✓ Wer bringt den Fall ein?
- ✓ Wer berät?
- ✓ Wer moderiert?
- ✓ Wer protokolliert?

Eine Moderatorin/ein Moderator sorgt dafür, dass Gesprächsregeln und Abfolge der Arbeitsphasen eingehalten werden. Eine Kollegin/Ein Kollege hält die wichtigsten Aspekte der kollegialen Beratung in einem Protokoll fest. Das Protokoll wird dem „Falleinbringer" (Protagonisten) anschließend zur Verfügung gestellt.

2. Schritt: Fallschilderung – „Situationsbeschreibung" – Zeitdauer ca. 8 Minuten

Das ratsuchende Gruppenmitglied schildert die Problem- bzw. Konfliktsituation möglichst genau:
- ✓ Wie sind die Gespräche bisher verlaufen?
- ✓ Was ist über Vorgänge und Vorfälle bekannt? (objektives Sachwissen)
- ✓ Welche subjektiven Eindrücke und Auswirkungen des Verhaltens der Beteiligten hinsichtlich möglicher Befindlichkeiten liegen vor?

Es erfolgt für die Gruppe die Formulierung der zu klärenden Fragestellung, die für alle sichtbar festgehalten wird. Die anderen hören aufmerksam zu und machen sich, wenn nötig, Notizen zum Fall oder zu klärungsbedürftigen Rückfragen.

3. Schritt: Befragung durch die Berater – „Kurze Rückmeldung" – Zeitdauer ca. 16 Minuten

Die einzelnen Teilnehmer haben jetzt die Möglichkeit, alle noch offenen Informationen zur Einschätzung des Fallverlaufs, den Befindlichkeiten, Interessen und Gefühlen der Beteiligten zu erfragen. Die Moderatorin/der Moderator bittet die Gruppe, dem „Falleinbringer" kurz mitzuteilen:
- ✓ Was hat die Darstellung bei jedem persönlich und hinsichtlich der Situation, in der sich der Kollege bzw. die Kollegin befindet, ausgelöst?

Es erfolgen keine Bewertungen, Interpretationen oder Ratschläge, nur Informationsfragen und Fragen zum Verständnis.

4. Schritt: Der Ratsuchende verlässt den Kreis und beobachtet ruhig von außen das Geschehen.

5. Schritt: Ausweitungsphase – „Kurze Reflexionspause" – Zeitdauer ca. 13 Minuten

Im Beraterkreis werden Hypothesen, Fantasien und Eindrücke zum Fall ausgetauscht. Jeder überlegt für sich:
- ✓ Welche Bedeutung haben die einzelnen Informationen für mich?
- ✓ Welche neuen Aspekte kann ich in den Fall einbringen?
- ✓ Wie formuliere ich meine Einschätzung?

Die Beratergruppe berät sich, formuliert aber noch keine Lösungen. Die Moderatorin/der Moderator fasst die Inhalte nochmals kurz zusammen.

6. Schritt: Identifikationsphase – „Rollentausch" – Zeitdauer ca. 5 Minuten

Es erfolgt jetzt die Aufforderung der Moderatorin/des Moderators an die Gruppe, sich in die jeweilige von ihm vorgegebene Person (Pädagoge, Erzieher, Störer, …) hineinzuversetzen und aus eigener Sicht das Gehörte mit der Formel „Ich als du …" oder „Wie geht es mir als …" darzustellen. Die Kolleg(inn)en diskutieren ihre Einschätzungen und der Moderator fasst die Inhalte nochmals kurz zusammen. Die Ratsuchende Person schweigt während dieser Zeit, hört gut zu und macht sich Notizen für die spätere Rückmeldung an die Gruppenmitglieder.

[1] angelehnt an Materialien zur Mediationsausbildung: „Konfliktmanagement – Mediation – Mediationssupervision – Coaching", Cordes 2004.

7. Schritt: Lösungssuche – „Ratschläge, Ideen, Anregungen" – Zeitdauer ca. 10 Minuten

Eine erneute Reflexionspause gibt der ratsuchenden Person und der Beratergruppe die Möglichkeit, das Gehörte und die eigene Einschätzung zu überdenken. In der „Ich- Form" geben die Gruppenmitglieder ihre Ratschläge an den „Falleinbringer" und formulieren kurz:

- ✓ Ich würde als Ziel meines Vorgehens, meiner Intervention ...
- ✓ Als nächsten Schritt würde ich tun, würde ich veranlassen ...

Die Vorschläge, Ideen, Ratschläge werden gesammelt und sichtbar festgehalten. Dabei wird jeder Gedanke notiert. Der Moderator kann ergänzen und noch nicht genannte Vorschläge nennen, es erfolgt aber in dieser Phase noch keine Diskussion oder Wertung der Ergebnisse.

8. Schritt: Die ratsuchende Person kehrt in den Kreis der Gruppe zurück und nimmt wieder aktiv am Geschehen teil.

9. Schritt: Lösungsfindung – „Sammlung und Entscheidung" – Zeitdauer ca. 10 Minuten

Die ratsuchende Person beurteilt die eingebrachten Lösungsvorschläge und beschreibt, mit welcher Alternative sie sich am besten identifizieren kann und was sie als Nächstes zur Konfliktbewältigung tun will. Sie teilt der Beratergruppe mit, welche Ideen und Anregungen sie für ihr weiteres Vorgehen annehmen und umsetzen wird (in der Praxis sind das in der Regel drei). Sie kann auch noch Fragen an die Berater/-innen richten, es wird aber nicht noch einmal diskutiert.

10. Schritt: Abschlussphase – „Resümee" – Zeitdauer ca. 3 Minuten

Alle Teilnehmer verlassen ihre Positionen und verabschieden sich von ihren Rollen. Der „Falleinbringer"/Ratsuchende und die Gruppe geben ein kurzes Feedback (Rückmeldung) darüber, wie sie die „kollegiale Fallberatung" empfunden haben:

- ✓ Wie erlebte die ratsuchende Person die Beratung?
- ✓ Wie erlebten die Berater/-innen die Beratung?
- ✓ Wie wurde die Moderatorin/der Moderator erlebt?
- ✓ Wie wurden die einzelnen Rollen empfunden?
- ✓ Gibt es Verbesserungsvorschläge für das Verfahren?

Die Beteiligten verständigen sich darüber, wie und wann (evtl. mit dem gleichen Fall) die Beratung fortgesetzt werden soll.

Checkliste
Vorbereitungsfragen für die Gesprächsstruktur

Einrichtung und Stempel

Vorbereitungsfragen für die Gesprächsstruktur

Gespräche mit Eltern gehören zum Alltag von Einrichtungen und Institutionen in der Arbeit mit Kindern und Jugendlichen. Sie sind Grundlage einer Vertrauensbasis und gegenseitigen Wertschätzung zwischen Eltern und Fachkräften. Die gute Vorbereitung von Interventionsgesprächen (als Konflikt-/Kritikgespräch) mit den Eltern ist deshalb sehr wichtig für die nachfolgende weitere Zusammenarbeit und es bedarf im Vorfeld der Klärung verschiedener Fragen.

Fragestellung	Antwort	Maßnahmen festlegen	Verantwortlicher	Termin	→
Wer lädt wie ein? (Telefon, Brief, evtl. Einschreiben, E-Mail etc.)					
Wer wird eingeladen? (Eltern, Betreuer/-in, Jugendamt, Therapeut/-in etc.)					
Wo findet das Gespräch statt? (Gesprächsatmosphäre)					
Wie ist die Sitzordnung am günstigsten?					
Wie soll der Zeitrahmen aussehen?					
Wer übernimmt die Moderation?					
Wer übernimmt die Protokollierung des Gesprächs?					
Welche Unterlagen, Aufzeichnungen werden benötigt?					
Was soll Inhalt des Gesprächs sein?					
Welches Ziel wird mit dem Gespräch verfolgt?					
Welches vordringliche Problem soll geklärt/gelöst werden?					
Wie könnte eine (erste) Vereinbarung aussehen?					
Wie werden Ergebnisse/Vereinbarungen festgehalten?					
Wie sollen Ergebnisse/Vereinbarungen überprüft werden?					
Muss ein weiterer Gesprächstermin vereinbart werden?					

Leitfaden
Durchführung eines Elterngesprächs

Einrichtung und Stempel

Die gute Durchführung von Interventionsgesprächen (als Konflikt-/Kritikgespräch) mit den Eltern ist entscheidend für die nachfolgende weitere Zusammenarbeit im Hilfesystem. Grundlage des Gesprächserfolgs ist die Einhaltung verschiedener Regeln zur Gestaltung einer positiven Kommunikation. So kann ein offenes, verständnisvolles Gespräch zwischen Eltern und Fachkräften stattfinden, in dem gegenseitige Schuldzuweisungen vermieden werden.

1. Grundregeln einer guten Gesprächsführung und Atmosphäre

Das Herstellen einer ruhigen, ungestörten Gesprächsatmosphäre, die Offenheit und Vertrauen signalisiert:

- Wählen Sie einen gesonderten Besprechungsraum für das Elterngespräch, sodass keine unbefugten Personen zuhören können.
- Die Akzeptanz der Eltern in ihrer Andersartigkeit und in ihren individuellen Bedürfnissen:
  Heben Sie insbesondere die Dinge hervor, die den Eltern besonders gut gelingen, und sprechen Sie ihnen ein Lob dafür aus. Artikulieren Sie sich häufiger positiv als negativ.
- Die Verwendung von „Ich-Botschaften" zum Vertrauensaufbau mit den Eltern (z. B. „Ich freue mich und danke Ihnen, dass Sie sich die Mühe genommen haben und zu diesem Gespräch gekommen sind"):
  Benennen Sie im Gespräch die wichtigsten Fakten (ohne größere Ausführungen über Defizite oder negative Verhaltensweisen des Kindes), halten Sie sich mit Bewertungen zurück und stellen Sie Ihre Sorge um das Kind/den Jugendlichen in den Vordergrund.
- Die Nutzung der Ressourcen der Eltern bei der Problemlösung:
  Nehmen Sie die Gefühle der Eltern ernst, warten Sie die Reaktion der Eltern ab oder erbitten Sie diese (z. B. „Können Sie sich das erklären?"). Besprechen Sie gemeinsam die Situation, suchen Sie zusammen nach den Ursachen und überlegen Sie miteinander, was zu tun ist (z. B. „Wer könnte wie zur Lösung beitragen?").
- Die Beachtung der Lebensumstände der Eltern bei der Festlegung der Gesprächsvereinbarungen:
  Wählen Sie kleine Schritte, die als Zielstellungen für die Eltern realisierbar sind und sie motivieren, auch weiterhin im Hilfesystem zu bleiben.
- Die Vermeidung von negativen Elementen, die im Gespräch mit den Eltern zu Kommunikationssperren führen können (z. B. körperliches Abwenden von den Eltern, kein Blickkontakt, Widersprechen/ins Wort fallen, Sarkasmus/Ironie, Arroganz/Bevormundung):
  Wenden Sie sich den Eltern positiv zu, z. B. durch aktives Zuhören, einen direkten Blickkontakt, Kopfnicken, eine entspannte und zugewandte Körperhaltung, ein angemessenes Sprechtempo, kurze Zusammenfassungen, Worte wie „mhm, ... ja" usw.

2. Mögliche Gesprächstechniken für ein erfolgreiches Gespräch

- Die Übermittlung von „Ich-Botschaften"[1] zur Problem- und Konfliktlösung:
  Beschränken Sie Ihre Aussagen auf folgende Inhalte einer „Ich-Botschaft", um die Eltern als Gesprächspartner nicht zu bewerten, zu verurteilen oder anzugreifen, sondern ihnen die Chance zur Kooperation zu geben:

  ✓ eine kurze Beschreibung des störenden Verhaltens der Eltern
  ✓ die Darstellung der bei Ihnen dadurch ausgelösten Gefühle
  ✓ das Aufzeigen der greifbaren und konkreten Wirkung des Verhaltens auf Sie (Konsequenzen)

  Nutzen Sie zur Unterstützung z. B. folgendes Schema:

✓ „Ich bin ..."	Nennen Ihres Gefühls
✓ „weil/als ..."	Nennen der Begründung oder des Anlasses für das Gefühl

  ODER:

✓ „Ich bin ..."	Nennen des Gefühls
✓ „und ich möchte ..."	Nennen der Erwartung

[1] nach Gordon, Thomas: „Gute Beziehungen – Wie sie entstehen und stärker werden", Klett-Cotta-Verlag, 4. Auflage 2014, ISBN-10: 3608947086.

- Das „Aktive zuhören“ zur Klärung eines Sachverhaltes auf der Ebene der Selbstoffenbarung:
  Nehmen Sie sich Zeit für das Gespräch und ermutigen Sie die Eltern zum Reden,
  z. B. durch:
  - ✓ Ihre Aufmerksamkeit (Ich höre genau zu, habe Interesse, nehme Probleme ernst.)
  - ✓ Ihre Ausstrahlung von Ruhe (Gespräch verlangsamen, Stress aus der Situation nehmen)
  - ✓ Ihre Unvoreingenommenheit (Es ist, wie es ist.)

  Zeigen Sie den Eltern mit verschiedenen Signalen, dass Sie „aktiv zuhören“, z. B. durch:
  - ✓ „nonverbale“ Techniken (Blickkontakt, Kopfnicken)
  - ✓ „kleine“ bestätigende Verbalisierungen („hm, ja …“)
  - ✓ halten Sie Pausen im Gespräch aus
  - ✓ stellen Sie Rückfragen zum besseren Verständnis („Habe ich richtig verstanden, dass …/Waren Sie verärgert, ängstlich, wütend, traurig etc./Was möchten Sie jetzt …“)
  - ✓ geben Sie kurze, sachliche Rückmeldungen als Information für die Eltern, was Sie an Fakten, Gefühlen, Interessen und Bedürfnissen verstanden haben
- Die Argumentation zur Begründung einer Meinung/eines Sachverhalts:
  Setzen Sie die Argumentationstechnik ein, wenn Sie die Eltern von etwas überzeugen wollen und diese einer anderen Meinung sind. Gehen Sie mit den Gegenargumenten und Einwänden positiv um, reagieren Sie kompetent und ruhig.
  - ✓ Überlegen Sie die Art und Weise, wie Sie Ihre Argumente vermitteln und welche rhetorischen Mittel Sie dafür einsetzen.
  - ✓ Bauen Sie die Struktur der Argumentation so auf, dass diese verständlich, einprägsam und nachvollziehbar für die Eltern ist.
  - ✓ Gestalten Sie den Inhalt so, dass die Argumente und die **Qualität der Fakten brauchbar für die Eltern sind.**
- Das Feedback als Rückmeldung für die Eltern:
  Stellen Sie im Gespräch die Frage, ob die Eltern eine Rückmeldung auf ein konkretes Verhalten wünschen oder selbst geben möchten.
  - ✓ „Wie wirkt mein Verhalten auf andere, wie werden die eigenen Verhaltensweisen wahrgenommen und erlebt?“
  - ✓ Das Feedback gibt den Eltern Informationen, es hat nicht das Ziel, sie zu verändern. Die Rückmeldungen erfolgen deshalb in Form von „Ich-Botschaften“ vom Feedback-Geber an den Feedback-Nehmer (den aktiven Zuhörer), z. B. „Ich fühle Folgendes bei mir/ Dies löst dies und das bei mir aus …“
- Die Fragetechnik als Möglichkeit der Gesprächslenkung:
  Nutzen Sie für Interventionsgespräche mit den Eltern (als Konflikt-/Kritikgespräch) die Möglichkeiten der Fragetechnik, um das Gespräch in die gewünschte Richtung zu lenken.
  - ✓ Vermeiden Sie nach Möglichkeit zu viele *„geschlossene Fragen“*, auf die von den Eltern nur mit „Ja“, „Nein“ oder einer bestimmten Information geantwortet werden kann. Sie geben Ihnen zwar die gewünschten Informationen und sorgen für klare Aussagen, ziehen aber keine weitere Diskussion nach sich, z. B.:
    „Haben Sie unser Informationsmaterial erhalten?“
    „Sind Sie mit meinem Vorschlag einverstanden?“
    „Sind Sie telefonisch erreichbar?“
    „Wie viele Formulare brauchen Sie?“
  - ✓ Verwenden Sie für ein interaktives Gespräch die Form *„offener Fragen“*. Formulieren Sie diese positiv, wertfrei, prägnant und verständlich für die Eltern. „Offene Fragen“ sind weiterführend, sie sollen die Eltern zum Nachdenken und zu einer echten Meinungsäußerung anregen, z. B.:
    „Wie gehen wir weiter vor?“
    „Was schlagen Sie vor?“
    „Welchen Standpunkt nehmen Sie hier ein?“
    „Was wurde Ihnen wo als Hilfe (Beratungsstelle etc.) angeboten?“
  - ✓ Andere Möglichkeiten von Fragetypen im Elterngespräch für Sie sind:
    1. „Bestimmungsfragen“ zum Herausfinden von Orten, Zeiten, Tagen, z. B.:
       „Für welchen Tag haben Sie das Gespräch vereinbart? Mit wem …? Wo? Wann machen Sie was …?/für Ihr Kind?“ usw.
    2. „Auswahlfragen“ zu einer bestimmten Sache, z. B.:
       „Wo haben Sie das Gespräch geführt? Was haben Sie in der Schule/in der Beratungsstelle/etc. erfahren?“ „Wo sind Sie gewesen?“

Leitfaden
Verlauf eines Elterngesprächs

Einrichtung und Stempel

Kooperative Elterngespräche lassen sich nur realisieren, wenn das Problem-, Konflikt- oder Kritikgespräch anhand eines festen Gesprächsleitfadens durchgeführt wird, bei dem in jeder Phase die Eltern zu Wort kommen und für ihre Meinungen Verständnis gezeigt wird. Die gute Strukturierung des Gesprächs mit Begrüßung, Hauptteil und Schluss ist eine entscheidende Voraussetzung für sein Gelingen[1].

Die 6 Phasen des Gesprächsverlaufs:

1. Phase – Die Gesprächseröffnung:

- ✓ Eröffnen Sie das Gespräch positiv und achten Sie auf eine gute Atmosphäre.
- ✓ Nennen Sie den Anlass und das Gesprächsziel.
- ✓ Signalisieren Sie den Eltern Vertrauen und Offenheit, indem Sie zum Beispiel betonen, dass auch Ihnen das Thema (die Klärung) sehr am Herzen liegt.
- ✓ Sprechen Sie den vorgesehenen Ablauf und den zeitlichen Rahmen an.

2. Phase – Die Klärung des Sachverhalts:

- ✓ Besprechen Sie den Grund des Gesprächs und geben Sie den Eltern Gelegenheit, Stellung zu nehmen, eventuelle Missverständnisse, Fehlinterpretationen oder Vorurteile zu korrigieren.
- ✓ Beide Seiten sollten nun die gemeinsamen und unterschiedlichen Sichtweisen darstellen und klären.
- ✓ Alle Informationen werden zusammengetragen. Das gegenseitige Hinhören und Nachfragen (aktives Zuhören) ist in dieser Phase von besonderer Bedeutung.

3. Phase – Die Zielfindung:

- ✓ Klären Sie die gemeinsamen und unterschiedlichen Ziele.
- ✓ Versuchen Sie, nach Bedarf die Probleme einzugrenzen und im Rahmen der Zielverständigung herauszufinden, was für das Kind/den Jugendlichen am wichtigsten ist.
- ✓ Benennen Sie klar und deutlich Ihre Erwartung an die Eltern. Häufig stellt sich der aktuelle Gesprächsanlass nur als „Aufhänger" für ein weit größeres Problem heraus.

4. Phase – Die Lösung:

- ✓ Zeigen Sie aus Ihrer Sicht Lösungswege auf.
- ✓ Legen Sie mit den Eltern fest, wie und womit Sie die Eltern und das Kind/den Jugendlichen unterstützen können.
- ✓ Sammeln Sie gemeinsam Ideen für die Bewältigung des Problems (z. B. Stütz- und Hilfesysteme für zu Hause, in der Schule u. Ä.).
- ✓ Überlegen Sie, ob die Lösungen durchführbar sind und welche Konsequenzen daraus erwachsen.

5. Phase – Die Entscheidung:

- ✓ Legen Sie gemeinsam fest, woran Sie künftig optimierte Verhaltensweisen der Eltern erkennen wollen.
- ✓ Treffen Sie gemeinsame Vereinbarungen, sprechen Sie konkrete Veränderungen ab und halten Sie diese möglichst schriftlich fest.
- ✓ Lesen Sie die Vereinbarungen noch einmal vor, damit sie für beide Gesprächspartner eindeutig sind.

6. Phase – Fassen Sie das Ergebnis zusammen:

- ✓ Fassen Sie die wichtigsten Gesprächspunkte in einer schriftlichen Vereinbarung auf der Grundlage folgender Schwerpunkte zusammen:
  - a) Unterstützungsbedarf beim Kind
  - b) Unterstützungsbedarf bei den Eltern
  - c) Zeitschiene zur Umsetzung der Vereinbarung
  - d) Formen der Erfolgskontrolle, z. B.:
    - – Die Meldung der Eltern bei Ihnen oder anderen Fachkräften.
    - – Die Möglichkeit der Nachfrage bei Beratungsstellen durch Sie oder andere Fachkräfte.
    - – Ein Laufzettel für die Eltern als Nachweis erfüllter Vereinbarungen.
    - – usw.
- ✓ Werten Sie gemeinsam das Gespräch aus, geben Sie sich gegenseitig ein Feedback zum Gesprächsverlauf und seinen Ergebnissen (z. B. „Wie haben Sie das Gespräch empfunden, wie schätzen Sie es ein?").
- ✓ Schließen Sie mit einem Ausblick (evtl. weiterer Gesprächstermin, anderer Ort) und der Verabschiedung ab.
- ✓ Bedanken Sie sich für das Kommen der Eltern.

[1] Angelehnt an Materialien zur Mediationsausbildung: „Konfliktmanagement – Mediation – Mediationssupervision – Coaching", Cordes 2004 Zusatzliteratur: Leupold, Eva Maria, „Handbuch der Gesprächsführung 13.", Herder Verlag, 9. Auflage 2006, ISBN-13: 978-3451235283.

Leitfaden
Nachbereitung eines Elterngesprächs

Einrichtung und Stempel

Die Nachbereitung des Gesprächs:

Inhalte sind die Bewertung der Situation, des Hilfeprozesses sowie die Dokumentation aller Beratungs- und Entscheidungsprozesse.
Nutzen Sie die Form der „kollegialen Fallberatung" (siehe Leitfaden „Vorbereitung") zur Auswertung im Team. Treffen Sie zu folgenden Fragestellungen Aussagen:

- ✓ Ist das Kindeswohl gewährleistet? Wenn ja, wodurch ? Wenn nein, warum nicht?
- ✓ Haben die Personensorgeberechtigten eine Übereinstimmung bei den Problemen gezeigt? In welchen angesprochenen Punkten? Welche Argumente halten sie dagegen?
- ✓ Sind die Eltern oder Familien zur Inanspruchnahme von Hilfen motiviert bzw. motivierbar?
- ✓ Wurden vorgeschlagene Hilfen akzeptiert bzw. werden sie angenommen?
- ✓ Sind weitere Hilfen erforderlich? Welche? Wer kann weiterhelfen?
- ✓ Wurden schriftliche bzw. mündliche Vereinbarungen getroffen? Was wurde vereinbart? Welche Termine wurden für Veränderungen gestellt? Wie erfolgt die Überprüfung der Vereinbarungen? Welche Regelungen hinsichtlich der Ziele/Teilziele wurden vereinbart?
- ✓ Liegt ein akuter Handlungsbedarf vor? Muss der Fall an das Jugendamt abgegeben werden? Sind die eigenen Möglichkeiten erschöpft?
- ✓ Findet eine Dokumentation der Vorfälle/Auffälligkeiten statt? Wurde die Dokumentationsvorlage ausgefüllt? Ist die Durchführung einer Gefährdungsanalyse notwendig?

Formular
Dokumentation Elterngespräch

Einrichtung und Stempel

Name des Kindes/Jugendlichen: ___

Alter: ___

Adresse: ___

Gesprächsteilnehmer: ___

Datum/Ort/Zeitdauer des Gesprächs:
Folgende Ziele werden vereinbart:
1.
2.
3.
Um diese Ziele zu erreichen, werden folgende Vereinbarungen getroffen:
Um diese Ziele zu kontrollieren, werden folgende Maßnahmen vereinbart:
Neuer Gesprächstermin:
Unterschrift Eltern/Sorgeberechtigte:
für das Protokoll:

INSOWEIT ERFAHRENE FACHKRAFT GEM. § 8A SGB VIII

Merkblatt
Insoweit erfahrene Fachkraft/ Kinderschutzfachkraft

Einrichtung und Stempel

Rechtliche Grundlagen zur Einbeziehung einer „... insoweit erfahrenen Fachkraft"/Kinderschutzfachkraft

Um über die Fachkräfte der Kinder- und Jugendhilfe hinaus auch andere Berufsgruppen, die mit Kinder und Jugendlichen Kontakt haben, in den Kinderschutz auch gesetzlich einzubeziehen, bedurfte es einer, über das Sozialrecht hinausgehenden gesetzlichen Regelung, was nach jahrelangen Diskussionen mit dem Inkrafttreten durch das BKiSchG im Jahre 2011 auch geschehen ist. Diese Berufsgruppen haben, wenn sie in Ausübung ihrer beruflichen Tätigkeit auf gewichtige Anhaltspunkte für eine Kindeswohlgefährdung stoßen, selbst Aufgaben zu übernehmen, um die Kindeswohlgefährdung abzuwenden (§ 4 Abs. 1 BKiSchG). Zugleich haben diese Berufsgruppen (wie „Lehrerinnen oder Lehrer an öffentlichen und staatlich anerkannten privaten Schulen" § 4, Ziffer 7 BKiSchG) Anspruch auf Beratung. *„Personen, die beruflich in Kontakt zu Kindern und Jugendlichen stehen, haben bei der Einschätzung einer Kindeswohlgefährdung im Einzelfall gegenüber dem örtlichen Träger der Jugendhilfe Anspruch auf Beratung durch eine insoweit erfahrene Fachkraft"* (§ 4 Abs. 2 BKiSchG). Analoge Regelungen finden sich im § 4 das KKG und erfuhren 2021 im Abs. 3 eine Erweiterung der Befugnis zur Datenweitergabe, wonach Personen dieser Berufsgruppen „unverzüglich das Jugendamt informieren sollen, wenn nach deren Einschätzung eine dringende Gefahr für das Wohl des Kindes oder Jugendlichen das Tätigwerden des Jugendamtes erfordert."

Insofern liegt es in der Verantwortung der Jugendämter, dafür Sorge zu tragen, dass „insoweit erfahrene Fachkräfte" in ihrem Amtsbezirk den Schulen u. a. Einrichtungen zur Verfügung stehen: Aufgabe der Schul- bzw. Einrichtungsleitungen ist es, dass diese Person den Pädagog(inn)en namentlich bekannt ist.

„Insoweit" erfahrene Fachkraft meint hier, dass die hinzuzuziehende Fachkraft spezifische, auf den Einzelfall zugeschnittene spezifische Erfahrungen hat, so beispielsweise zu suchterkrankten Eltern oder deren psychischen Erkrankungen, sexuellem Missbrauch, Jugenddeliquenz usw. (vgl. Meysen in: FK-SGB VIII § 8a Rn.66, 2019).

Zu datenrechtlichen Begrenzungen bei der Weitergabe von Informationen an die „insoweit erfahrene Fachkraft" durch Lehrer/-innen und andere berufliche Geheimnisträger siehe **Leitfaden Rechtliche Grundlagen** und zum Procedere die **schematische Ablaufdarstellung.**

Aufgaben der „insoweit erfahrenen Fachkraft"/ Kinderschutzfachkraft

Die „insoweit erfahrene Fachkraft" berät und unterstützt die Lehrer/-innen bzw. Erzieher/-innen und die Leitungsebene zur Abklärung einer möglichen Kindeswohlgefährdung. Diese Kinderschutzfachkraft hat also die Aufgabe, den **Prozess der Risikoabschätzung** anderer zu **begleiten** und **einzuschätzen,** welche Handlungskonsequenzen sich daraus zur Sicherung des Kindeswohls ergeben. Die insoweit erfahrene Fachkraft, führt jedoch im Regelfall keine eigenen Erhebungen durch (etwa Elterngespräche), sondern stützt sich vielmehr auf die vorliegenden Informationen und berät auch hinsichtlich dessen, welche Informationslücken zur Fallbeurteilung vorliegen und ggf. durch die pädagogischen Fachkräfte noch eingeholt werden müssen.

Die Tätigkeit der „insoweit erfahrenen Fachkraft" versteht sich als **externe hierarchieunabhängige Expertise** mit der zuvor genannten Zielstellung.

Das Aufgabenspektrum der „insoweit erfahrenen Fachkraft" unterscheidet sich je nach Fallkonstellation, ist jedoch grundsätzlich darauf gerichtet, andere zu unterstützen bzw. zu beraten, z. B. bei

- ✓ der Prüfung und Gewichtung von Anhaltspunkten für eine Kindeswohlgefährdung
- ✓ der Risikoabschätzung einer Kindeswohlgefährdung hinsichtlich ihrer Ausprägung dem besonderen Schutzbedürfnis von Kindern und Jugendlichen mit Behinderung Rechnung zu tragen
- ✓ der Art und Weise der Einbeziehung der Eltern (z. B. Strategien der Gesprächsführung, Motivation)
- ✓ der Art und Weise der Einbeziehung der Kinder/Jugendlichen
- ✓ der Ressourcenprüfung des Kindes/Jugendlichen und deren Eltern (z. B. resiliente Faktoren)
- ✓ der Versachlichung
- ✓ dem besseren Fallverstehen

Wann sollte eine „insoweit erfahrene Fachkraft"/Kinderschutzfachkraft hinzugezogen werden?

Bereits **im Vorfeld** einer evtl. Information an das Jugendamt sollte die „insoweit erfahrene Fachkraft" zur Abklärung von ernst zu nehmenden Anzeichen einer möglichen Kindeswohlgefährdung eingeschaltet werden, um rechtzeitig das Nötige selbst zu deren Abwendung zu unternehmen. Auch in diesem Prozess kann die fachliche Begleitung durch die Kinderschutzfachkraft hilfreich sein.

Grundsätzlich soll die Hinzuziehung einer „insoweit erfahrenen Fachkraft" der Erhöhung der eigenen **Handlungssicherheit** in jenen Fällen dienen, die sich nicht so eindeutig aus eigenem fachlichem Wissen beurteilen lassen. Insofern ist die Einbeziehung einer insoweit erfahrenen Fachkraft dann anzuraten, bei

- ✓ eigener erheblicher **Unsicherheit** in der Risikoabschätzung
- ✓ hoher **Komplexität** des Falles
- ✓ hoher **emotionaler Belastung** der Lehrerin bzw. des Lehrers und „Verstrickung" in den Fall
- ✓ erheblicher **Dissens** bei der Fallbeurteilung durch Kolleg(inn)en/Leitung
- ✓ erheblicher **Meinungsverschiedenheit** in der Fallbeurteilung mit dem/der Schulsozialarbeiter/-in und/oder Schulpsychologen/Schulpsychologin

Qualifikationsprofile der insoweit erfahrenen Fachkraft/Kinderschutzfachkraft

Insoweit erfahrene Fachkräfte gemäß §§ 8a(4), 8b(1) SGB VIII, § 4(2) KKG und § 21(1) SGB IX weisen i. d. R. folgende Qualifikationsprofile auf:

- ✓ (sozial)pädagogische, psychologische Hochschul- bzw. Universitätsabschlüsse (z. B. Dipl.-Päd. , Dipl.-Psych., Dipl.-Sozialpäd./Arb, einschlägige BA/MA-Abschlüsse)
- ✓ mindestens dreijährige Berufserfahrung in einem einschlägigen Berufsfeld der Jugendhilfe, Kinderschutzbund u. Ä.
- ✓ zertifizierte Zusatzqualifikation zur „insoweit erfahrenen Fachkraft"/ Kinderschutzfachkraft (in den meisten Bundesländern)

Auf dieser Basis werden unter anderem nachfolgende Kenntnisse bzw. Fähigkeiten erwartet:

- ✓ Erfahrungen im Umgang mit traumatisierten Kindern/Jugendlichen und Problemfamilien
- ✓ Wissen um gruppendynamische Prozesse und Fähigkeiten im Umgang mit diesen
- ✓ einschlägige Rechtskenntnisse, insbesondere BGB, SGB VIII, SGB XII, StGB)
- ✓ diagnostische Kenntnisse über Ursachen, Formen und Indikatoren von Kindeswohlgefährdungen, riskante Lebenssituationen für Kinder/Jugendliche, ihrer Familien und des sozialen Umfeldes
- ✓ Kenntnisse über Hilfesysteme und regionale Angebotsstrukturen und Netzwerke, insbesondere über die Arbeitsweise des Jugendamtes
- ✓ Fähigkeit zur Selbstreflexion, zur professionellen Balance zwischen Nähe und Distanz
- ✓ Wissen um die einschlägigen Gesetze und Arbeitsweise in weiteren kinderschutzrelevanten Institutionen in den Bereichen Bildung (Schulen, Kita, Freizeiteinrichtungen), Gesundheit (Gesundheitsamt, psychiatrische Dienste, Kliniken, niedergelassene Ärzte, Hebammen), Soziales (Sozialamt, Betreuungsangebote) und Arbeit (Arbeitsamt, Berufsförderung und -ausbildung)
- ✓ Kenntnisse über die Arbeit der Gerichte (insbesondere in Familien- und Strafsachen) sowie der Ermittlungsbehörden (Polizei und Staatsanwaltschaft) und des Ordnungsamtes
- ✓ Kenntnisse im Ausländerrecht (insbesondere zu aufenthaltsrechtlichen Bestimmungen), der Arbeit der Ausländerbehörde und zur migrationsspezifischen sozialen Arbeit

Schematische Ablaufdarstellung
Tätigkeit der insoweit erfahrenen Fachkraft bei der Abschätzung einer Kindeswohlgefährdung

Einrichtung und Stempel

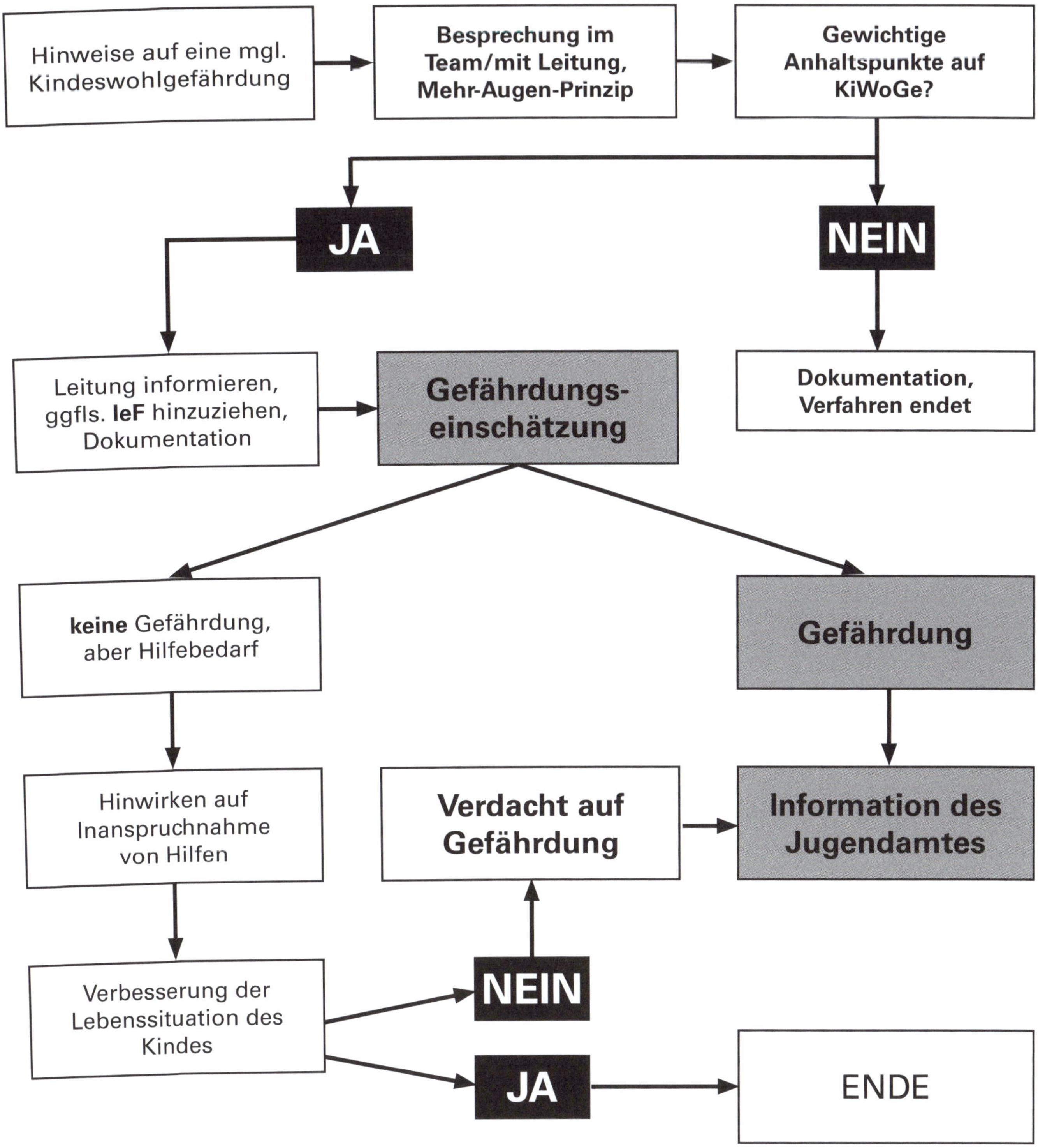

INNERBETRIEBLICHE REGELUNGEN UND SONDERFÄLLE

Leitfaden
Fallbesprechung

Einrichtung und Stempel

Vorbereitung einer Fallbesprechung:

Die Fallbesprechung ist eine Methode, bei Verdacht auf Kindeswohlgefährdung, den fachlichen Rat der Kollegen/des Teams zur Klärung von Fragen zu nutzen.
Zur Vorbereitung sind verschiedene Schritte notwendig:

1. Die Klärung von Fragen zum Fall:

   - ✓ Welcher Fall wird durch wen eingebracht?
   - ✓ Wann findet die Fallbesprechung statt und wer nimmt daran teil?
   - ✓ Was will der Fallbringer mitteilen/besprechen?
   - ✓ Welche Informationen werden für die Besprechung gebraucht und was liegt vor?
   - ✓ Welche Erwartungen gibt es an die Ergebnisse der Besprechung, wie soll dokumentiert werden?

2. Die Form der Problemdarstellung des Falls:

   - ✓ Der Fallbringer stellt die wichtigsten Fakten über die Fallkonstruktion zusammen (macht evtl. eine Skizze, eine Tabelle der handelnden Personen o. Ä.). Fehlende Informationen (wichtige Eckdaten des Falles) sollten vor der Fallberatung nach Möglichkeit ergänzt werden.
   - ✓ Die Unterlagen zum Fall sollten so aufbereitet werden, dass ggf. in der Beratung noch etwas nachgeschlagen werden kann.
   - ✓ In der kurzen und prägnanten Präsentation ist es wichtig zu zeigen, welche Motive den Fallbringer bewegen, den Fall in die Beratung einzubringen.

3. Die Beratungsfrage in der Fallbesprechung:

   - ✓ Bei der Auswahl der Fragestellung kann es für den FALLBRINGER unterschiedliche Anlässe geben, nach denen er sich entscheidet:
   - ✓ Ich möchte eine weitere Meinung hören/ich fühle mich unsicher/zu sicher/der Fall verläuft seltsam/ich habe Schwierigkeiten, die Situation oder eine Person im Fall einzuschätzen/ich will meine Strategie überprüfen/ich habe ein Mitteilungsbedürfnis den Fall betreffend/ich möchte den Fall (oder einen Aspekt davon) am liebsten abgeben usw.
   - ✓ Die Beratungsfrage muss in ihrer Fragestellung vom Fallbringer möglichst konkret formuliert sein. Sie wird in der nachfolgenden Fallbesprechung im Team diskutiert und in verschiedenen Phasen der Beratung nach Wegen/Lösungen gesucht (vgl. auch **Kapitel Vorbereitung von Elterngesprächen**):[1]

     1. Phase: Falldarstellung durch den Fallbringer
     2. Phase: Rückfragen zum Fall durch das Team
     3. Phase: Diskussion zum Fall/ Beratungsfrage im Team
     4. Phase: Erarbeitung von Lösungsvorschlägen durch die Teammitglieder
     5. Phase: Rückmeldung durch den Fallbringer zu den Vorschlägen

Die Moderation der Beratung erfolgt durch die Teamleitung oder ein vorher gemeinsam ausgewähltes Teammitglied.

[1] In diesem Kapitel wird der zeitliche und inhaltliche Ablaufplan einer „Kollegialen Fallberatung" ausführlich erläutert.

Formular
Dokumentation einer Fallbesprechung

Einrichtung und Stempel

Angaben zur Einrichtung:

Name/Anschrift: ______________________

Abteilung/Bereich: ______________________

Gruppe/Klasse: ______________________

Verantwortliche/-r Mitarbeiter/-in ______________________

Telefon: ______________________

Angaben zum Fall:

Name des Kindes/der Kinder: ______________________

Kindergarten/Schule/Ausbildung: ______________________

Derzeitiger Aufenthalt

Mutter: ______________________

Vater: ______________________

Elterliche Sorge: ______________________

Weitere im Haushalt lebende Kinder oder Erwachsene: ______________________

____

Welche gewichtigen Anhaltspunkte sind bekannt geworden, die einen Verdacht auf Kindeswohlgefährdung nahelegen?

a) Erhebungsbogen wurde ausgefüllt/Stand ______________________

b) Interne Einschätzung/Stand ______________________

Zu welchen Ergebnissen hat die Einschätzung der gewichtigen Anhaltspunkte in der Fallbesprechung geführt?

Es liegt **keine** Kindeswohlgefährdung vor: ____________________

Gründe: ____________________

Welche Hilfen sollen den Sorgeberechtigten auf freiwilliger Basis angeboten werden? ____________________

____

Es liegt **eine akute** Kindeswohlgefährdung vor ____________________

Der ASD wurde benachrichtigt/wann? ____________________

Name des ASD-Mitarbeiters: ____________________

Form der Information: ____________________

Gesprächsergebnis: ____________________

Welche Schutzmaßnahmen wurden ergriffen?

Welche insoweit erfahrene Fachkraft wird hinzugezogen?

Name: ____________________

Institution: ____________________

Unterschrift Mitarbeiter/-in: Unterschrift Vorgesetzter:

FORUM

Formular
Dienstanweisung Verhaltensregeln beim Verdacht auf Kindeswohlgefährdung

Einrichtung und Stempel

Dienstanweisung für die pädagogischen Fachkräfte zur Umsetzung des § 8a SGB VIII zum Schutzauftrag bei Kindeswohlgefährdung

(A) Die innerbetrieblichen Verhaltensregeln bei Verdacht auf Kindeswohlgefährdung dienen dem Schutz der Kinder sowie der Mitarbeiter/-innen der Einrichtung. Sie regeln klar, wer bei Verdachtsmomenten zurate gezogen werden soll, und verhindern, dass eine Sensibilisierung für das Thema zu unverhältnismäßigen Handlungen führt, die den verantwortlichen Umgang mit dem Vertrauensverhältnis zu einem Kind gefährden oder auf der anderen Seite den Datenschutz missachten.

(B) Bei Erkennen gewichtiger Anhaltspunkte für eine Gefährdung des Wohls der Kinder und Jugendlichen tritt folgendes Verfahren in Anwendung:

1. Der/Die entsprechende Mitarbeiter/-in informiert die Leitung der Einrichtung. Gemeinsam findet auf der Basis der von dem/der Mitarbeiter/-in genannten und dokumentierten Beobachtungen[1] mit der Leitung eine Einschätzung statt, ob damit Anhaltspunkte für eine Gefährdung des Kindeswohls vorliegen.
2. Liegen gewichtige Anhaltspunkte für eine Kindeswohlgefährdung vor, wird eine in diesem Bereich erfahrene Fachkraft hinzugezogen[2], die aufgrund ihrer Ausbildung als insoweit erfahrene Fachkraft/Kinderschutzfachkraft im Bereich der Kinder- und Jugendarbeit tätig ist oder besondere Erfahrungen in der Arbeit mit Kindeswohlgefährdungssituationen besitzt.
3. (Liste von Fachkräften ist beim Jugendamt/der Leitung der Einrichtung einsehbar).
4. Die Leitung der Einrichtung/der Träger klärt mit der Insoweit erfahrenen Fachkraft/Kinderschutzfachkraft die weitere Verfahrensweise, ihre Verfügbarkeit und den Einsatz ab. Entstehen Kosten, so werden diese vom öffentlichen Träger nach Rechnungslegung erstattet.
5. Gemeinsam mit der insoweit erfahrenen Fachkraft/Kinderschutzfachkraft nehmen der/die betroffene Mitarbeiter/-in und die Leitung der Einrichtung eine Risikoeinschätzung vor und erarbeiten Vorschläge, welche erforderlichen und geeigneten Hilfen angezeigt sind, um das Gefährdungsrisiko abzuwenden. Dazu erfolgt die Aufstellung eines Schutzplanes.
6. Bei allen Maßnahmen in der Einrichtung und bei Einschaltung der erfahrenen Fachkraft sind die datenschutzrechtlichen Bestimmungen, insbesondere § 64 Abs. 2 SGB VIII zu beachten.

Die Dienstanaweisung tritt mit Wirkung vom ______________________________ in Kraft.

Kenntnis genommen am:

Datum/Unterschrift Mitarbeiter/in	Datum/ Unterschrift Mitarbeiter/in

(C) Bei Verdacht auf Kindeswohlgefährdung wird das nachfolgende Schema mit Fragen zur aktuellen Situation für die weitere Verfahrensweise als Hilfestellung zugrunde gelegt.

a) *Der/Die Mitarbeiter/in erkennt Anhaltspunkte einer Kindeswohlgefährdung?*

ja/nein:____________________

1 z. B. Beobachtungsprotokolle, Gesprächsnotizen

2 Erfahrene Fachkräfte im Sinne des § 8a SGB VIII sind Personen, die aufgrund ihrer spezifischen Qualifikation/mit entsprechenden thematischen Fortbildungen einen Zusatzabschluss im Bereich der „Kindeswohlgefährdung" erworben haben.

b) *Liegen nach Rücksprache mit Kolleginnen/Kollegen/Leitung und der gemeinsamen Abwägung gewichtige Anhaltspunkte für eine Kindeswohlgefährdung vor?*

ja/nein: ____

Wenn ja, dann erfolgt die Einbeziehung einer insoweit erfahrenen Fachkraft (z. B. Beratungsstellen/JA)

c) *Bestätigen sich die Anhaltspunkte?*

ja/nein: ____

In Abwägung der Situation nimmt der Mitarbeiter/die Mitarbeiterin Kontakt auf[3]
- mit dem örtlichen Jugendamt
- mit den Eltern

Sind die Eltern zur Mitarbeit bei der Abwendung der Gefährdung bereit?

ja/nein: ____

Sofern sein/ ihr wirksamer Schutz nicht gefährdet ist und der Reife- und Entwicklungsstand dies zulassen, wird das Kind oder der/die Jugendliche in die Überlegungen zur weiteren Planung und Vorgehensweise mit einbezogen.

Die Dienstanweisung tritt mit Wirkung vom ____________________ in Kraft.

Kenntnis genommen/am:

Datum/Unterschrift Mitarbeiter/in	Datum/Unterschrift Mitarbeiter/in

[3] unter Beachtung der datenschutzrechtlichen Bestimmungen, insbesondere § 64 Abs. 2 SGB VIII.

Formular
Schweigepflichtentbindung

Einrichtung und Stempel

Name des Sorgeberechtigten: ______________________

Anschrift: ______________________
Straße, Hausnummer

____
Postleitzahl, Ort

____
Telefon für Rückfragen

Hiermit erkläre(n) ich mich/wir uns damit einverstanden, dass folgende Personen

Name: ______________________

Vorname: ______________________

Einrichtung: ______________________
Name der Einrichtung

____
Straße, Hausnummer

____
Postleitzahl, Ort

und

Name: ______________________

Vorname: ______________________

Einrichtung: ______________________
Name der Einrichtung

____
Straße, Hausnummer

____
Postleitzahl, Ort

miteinander in Kontakt treten, um sich zu folgenden Sachverhalten zu verständigen:

Zu diesem Zwecke entbinde ich die oben genannten Personen von ihrer Schweigepflicht (nach § 203 StGB) bzw. von ihrer Verpflichtung zum Vertrauensschutz (nach § 65 SGB VIII).

Diese Regelung ist gültig bis: ______________________

Die Schweigepflichtentbindung ist freiwillig und kann jederzeit widerrufen werden.

Ort/Datum: ______________________

Unterschrift des/der Sorgeberechtigten: ______________________

Formular
Nachweis Mitarbeiterschulung nach § 8a SGB VIII

Einrichtung und Stempel

Einrichtung(Name/Anschrift)	
Schulung am /Ort	
Dauer der Schulung	
Leiter der Schulung	
Inhalte der Schulung (Unterlagen siehe Anhang)	

Teilnehmer/-in (Name)	Arbeitsbereich	Unterschrift
1.		
2.		
3.		
4.		
5.		
6.		
7.		
8.		
9.		
10.		
11.		
12.		
13.		
14.		
15.		
16.		
17.		
18.		
19.		
20.		

Formular
Beobachtungsbogen (offenes Beobachten)

Einrichtung und Stempel

Name des Kindes: ______________________

Gruppe/Klasse: ______________________

Zeitraum der Beobachtung: ____________ Datum: ____________

Name der Beobachterin/
des Beobachters: ____________ Ort: ____________

Was tut, was sagt das Kind? (Beschreibung)

____

____

____

____

Wie würde ich die Gesamtsituation beschreiben?
(Was ist passiert? Was habe ich beobachtet? Was ging der Situation voraus? (Darstellung im Kontext)

____

____

____

____

Wie wirkt die Situation auf mich, wie fühle ich mich dabei?
(Eindruck, Emotionen, Bewertung)

____

____

____

____

Fachliche Reflexion mit Kollegen/Kolleginnen
(Überlegungen, Erkenntnisse, weiterführende Fragen)

____

____

____

____

____

____

____

Datum: ____________ Unterschrift: ____________

Formular
Selbstverpflichtungserklärung

Einrichtung und Stempel

Name:

Anschrift:

Als Mitarbeiter für:

versichere ich hiermit, dass ich nicht wegen einer Straftat nach

- § 171 Verletzung der Fürsorge- oder Erziehungspflicht
- § 174 Sexueller Missbrauch von Schutzbefohlenen
- § 174a Sexueller Missbrauch von Gefangenen, behördlich Verwahrten oder Kranken und Hilfsbedürftigen in Einrichtungen
- § 174b Sexueller Missbrauch unter Ausnutzung einer Amtsstellung
- § 174c Sexueller Missbrauch unter Ausnutzung eines Beratungs-,Behandlungs- oder Betreuungsverhältnisses
- §§ 176 bis 176b Tatbestände des sexuellen Missbrauchs von Kindern
- §§ 177 bis 179 Tatbestände der sexuellen Nötigung und des sexuellen Missbrauchs
- § 180 Förderung sexueller Handlungen Minderjähriger
- § 180a Ausbeutung von Prostituierten
- § 181a Zuhälterei
- § 182 Sexueller Missbrauch von Jugendlichen
- § 183 Exhibitionistische Handlungen
- § 183a Erregung öffentlichen Ärgernisses
- §§ 184 bis 184d Verbreitung pornografischer Schriften und Darbietungen
- §§184e bis 184f Ausübung verbotener und jugendgefährdender Prostitution
- § 225 Misshandlung von Schutzbefohlenen
- §§ 232 bis 233a Tatbestände des Menschenhandels
- § 234 Menschenraub
- § 235 Entziehung Minderjähriger
- § 236 Kinderhandel

des Strafgesetzbuches (StGB) verurteilt worden bin und auch kein entsprechendes Verfahren gegen mich anhängig ist.

Sollte in der Zeit meiner Tätigkeit für die o.g. Einrichtung ein diesbezügliches Verfahren gegen mich eingeleitet werden, verpflichte ich mich hiermit, den Träger unverzüglich zu informieren.

Ort: ______________________ **Datum:** ______________________

Unterschrift: ____

FORUM

Erklärung:

Seit 1.1.2012 sind Einrichtungen der Kinder- und Jugendhilfe nach § 72a S.3 SGB VIII verpflichtet, sich von all ihren Mitarbeitern, auch den ehrenamtlichen, ein erweitertes Führungszeugnis auf Grundlage des § 30a BZRG vorlegen zu lassen. Die Pflicht zur Vorlage des Führungszeugnisses besteht ab dem 14. Lebensjahr.

Die Selbstverpflichtungserklärung ist von ehrenamtlich oder nebenamtlich tätigen Personen zur Absicherung der Einrichtung/des Trägers auszufüllen und zu unterschreiben:

a. bei ehrenamtlich/nebenamtlich tätigen Personen, deren Wohnsitz im Ausland gemeldet ist, da diese in Deutschland kein erweitertes Führungszeugnis beantragen können (z. B. Student(inn)en, Praktikant(inn)en).
b. beim spontanen, kurzfristigen Einsatz von neuen Mitarbeiter(inne)n sowie ehrenamtlichen Helfer(inne)n. Die Einrichtungsleitung ist jedoch verpflichtet, sich das erweiterte Führungszeugnis zeitnah vorlegen zu lassen!

Die Einrichtungsleitung muss die Selbstverpflichtungserklärung für die gesamte Dauer der ehren- bzw. nebenamtlichen Tätigkeit der Mitarbeiterin/des Mitarbeiters so aufbewahren, dass der Datenschutz gewährleistet ist!

Checkliste
Besonderheiten zur Gewährleistung des Kindeswohls bei behinderten Kindern

Einrichtung und Stempel

Behinderte Kinder und Jugendliche stellen eine besonders gefährdete Gruppe dar, da sie noch stärker als andere Kinder und Jugendliche auf den Schutz der sie betreuenden Personen und Institutionen angewiesen sind.

Besonderheiten (zusätzlich zu berücksichtigen)

Um das Kindeswohl behinderter Kinder und Jugendlicher zu gewährleisten, sollten zusätzlich zu den üblichen Kriterien u. a. die folgenden Punkte berücksichtigt werden.

Medizinische Versorgung
• Medizinische Diagnose
• Regelmäßige Arztbesuche über die U 1-9 Untersuchungen hinaus
• Therapeutische Maßnahmen zur Versorgung zur Förderung
• Medikamentengabe gem. ärztlicher Verordnung
• Heil- und Hilfsmittelversorgung (regelmäßige Anwendung, regelmäßige Größenanpassung)
Ernährung
• Bei Sondenernährung: Erhöhte Gefahr von Dehydrierung, verschärfte Hygiene beachten, Essenstemperatur beachten
• Bei behinderungsbedingten Schluckbeschwerden: Feste Nahrung kann nur beaufsichtigt und in kleinen Mengen verabreicht werden
• Bei Stoffwechselerkrankungen und Lebensmittelallergien müssen unverträgliche Nahrungsmittel unbedingt vermieden werden
• Bei Prada-Willi-Syndrom ist zu berücksichtigen, dass kein Sättigungsgefühl vorhanden ist
Schlafplatz
• Ist ein Pflegebett vorhanden (falls notwendig)?
• Gibt es einen Rausfallschutz (falls notwendig)?
• Ist die Matratze durchgelegen?
• Besteht erhöhter Bedarf, die Bettwäsche zu wechseln?
• Wird ausreichend gelüftet?
• Bei geistig Behinderten: Auf ausreichend Hygiene achten (oft gibt hier eine sehr individuelle Schlafplatzgestaltung, auch als Rückzugsort)
Zimmerausstattung
• (Behinderungsbedingte) Verletzungsgefahr ist zu vermeiden
• Bei Autisten ist i. d. R. eine reizarme und nüchterne Umgebung erforderlich
• Bei Körperbehinderten ist auf hinreichend Bewegungsmöglichkeiten zu achten, auf Zugang zu allen Räumen, und alles möglichst rollstuhlgerecht
Kleidung
• Ist die Kleidung altersgerecht?
• Wird Kleidung hinreichend oft genug gewechselt (Kleidungswechsel ist auch tagsüber u. U. häufiger nötig (z. B. wegen Kleckern, Sabbern)
• Bei Rollstuhlfahrern: Besteht ausreichend Schutz vor Sonne bzw. Kälte?
• Bei Kindern und Jugendlichen mit körperlichen Behinderungen ist zur Förderung der Selbstständigkeit auf leicht handhabbare Kleidung zu achten
Körperpflege
• Behinderte Kinder können oft ihre Körperpflegebedürfnisse nicht äußern oder selbsttätig wahrnehmen
• Auf Wundliegen, offene Stellen, Windeln wechseln usw. ist zu achten und ggf. zu reagieren.

Checkliste basiert auf den Angaben und Ausführungen in: Handreichung zur Anwendung des Orientierungskataloges bei Kindeswohlgefährdung bei jungen Menschen mit Behinderungen.

Besondere Risikofaktoren bei Kindern und Jugendlichen mit Behinderung

Behinderte Kinder und Jugendliche stellen eine besonders gefährdete Gruppe dar, da sie noch stärker als andere Kinder und Jugendliche auf den Schutz der sie betreuenden Personen und Institutionen angewiesen sind. Zudem fällt es ihnen oft schwerer, Erfahrungen und Gefühle verständlich zum Ausdruck zu bringen, wodurch es auch betreuenden Personen schwerer fällt, Zugang zu ihnen zu finden.

Um die Besonderheiten behinderter Kinder und Jugendlicher bei der Einschätzung einer Kindeswohlgefährdung zu berücksichtigen, sollten die folgenden Punkte reflektiert werden.

Dabei steht jedoch an erster Stelle, das **Behinderungsbild** des betreffenden Kindes/Jugendlichen zu beachten. Entsprechend **können** die folgenden Punkte besondere Risikofaktoren darstellen, müssen es aber nicht.

Allgemein
• Fehlendes/geringes Gefahrenbewusstsein (auch bei älteren Kindern und Jugendlichen)
• Fehlende/geringe Lernfähigkeit für den Umgang mit Gefahren
• Nicht-Erkennen von Gefahrenquellen
• Erhöhte Gefahr im Straßenverkehr
Emotionale Vulnerabilität
• Kontaktschwierigkeiten, z. B. aufgrund von Schuldgefühlen oder mangelnder Akzeptanz der eigenen Behinderung
• Unsicherheit wegen fehlender Aufklärung
• Angewiesenheit auf intensiven Körperkontakt (bei Autisten gilt i. d. R. das Gegenteil)
• Belastungssituationen wegen Fehlverhalten/mangelnder Zuwendung durch Bezugspersonen
Selbst- und fremdgefährdendes Verhalten
• Fehlendes Schmerzempfinden
• Fehlende Impulskontrolle
• Mangelnde Einsicht in die Konsequenzen des eigenen Handelns
Nähe/Distanz
• Übermäßige Suche nach Körperkontakt, auch zu fremden Menschen
• Mitgehen mit Fremden
• Intimberührung (sich selbst und andere) in der Öffentlichkeit
Erhöhte Missbrauchsgefahr
• Wegen der starken Abhängigkeit von Betreuern bzw. Pflegenden und der häufig vorhandenen Distanzlosigkeit gegenüber Fremden besteht eine erhöhte Gefahr des sexuellen Missbrauchs

Checkliste basiert auf den Angaben und Ausführungen in: Handreichung zur Anwendung des Orientierungskataloges bei Kindeswohlgefährdung bei jungen Menschen mit Behinderungen.

Verhalten des Kindes/Jugendlichen mit Behinderung

Die folgende Checkliste hilft bei der Abklärung, ob typische Anzeichen einer Kindeswohlgefährdung im Verhalten des Kindes evtl. ausgeschlossen werden können, da sie behinderungsbedingt auftreten.

Kriterium/Anzeichen	Zu reflektierende behinderungsbedingte Ursachen
• Distanzlosigkeit und aggressives Verhalten	• Bei Kindern und Jugendlichen mit Tourette-Syndrom ist auffälliges Aggressionsverhalten wie z. B. Spucken, Treten und Schreien Teil bzw. Folge des Syndroms. • Kinder mit Down-Syndrom haben teilweise kein Gespür für Nähe und Distanz (bis hin zu beispielsweise Masturbation in der Öffentlichkeit) und gehen sehr offen auf fremde Menschen zu (z. B. mit Umarmungen oder auf den Schoß setzen), was sie zugleich besonders vulnerabel für grenzverletzendes Verhalten durch andere Menschen macht.
• Selbstschädigendes oder selbstverletzendes Verhalten	• Kann beispielsweise bei Kindern und Jugendlichen mit geistiger Behinderung vorkommen, etwa durch wiederholtes Kopf-an-die-Wand-Schlagen.
• Häufige Müdigkeit	• Bestimmte Behinderungen können mit einem gestörten Wach-/Schlafrhythmus verbunden sein (z. B. geistige Behinderung, fetales Alkohol-Syndrom, autistische Kinder). Die Schlafenszeiten des Kindes können dabei nicht oder kaum beeinflusst werden.
• Berauschtheit/Benommenheit, unkoordinierte Handlungen	• Hier ist abzuklären, ob das Kind behinderungsbedingt Medikamente zu sich nimmt, die sich auf das Verhalten auswirken? Treten die Koordinationsschwierigkeiten behinderungsbedingt auf?

Checkliste basiert auf Angaben und Ausführungen in:
Sullivan, Patricia / Knutson, John (2000): Maltreatment and Disabilities. A Population-Based Epidemiological Study.
AMYNA (2015): Kindeswohlgefährdungen bei Kindern mit Behinderungen.
Handreichung zur Anwendung des Orientierungskataloges bei Kindeswohlgefährdung bei jungen Menschen mit Behinderungen.

Erscheinungsbild des Kindes/des Jugendlichen mit Behinderung

Die folgende Checkliste hilft bei der Abklärung, ob typische Anzeichen einer Kindeswohlgefährdung im Verhalten des Kindes evtl. ausgeschlossen werden können, da sie behinderungsbedingt auftreten.

Anzeichen	Zu reflektierende behinderungsbedingte Ursachen
• Wiederkehrende blaue Flecken, wiederholte oder massive Zeichen von Verletzungen (z. B. Blutergüsse, Striemen, Narben, Verbrennungen), ohne erklärbare Ursache	• Kinder und Jugendliche mit bestimmten Behinderungen oder Einschränkungen bewegen sich teilweise ungestüm oder unkontrolliert, wodurch es zu wiederholten Anzeichen von Verletzungen kommen kann. Dies kann zum Beispiel der Fall sein bei: – Autismus – ADHS – FAS (Fetales Alkohol-Syndrom) – geistige Behinderung – Tourette-Syndrom • Behinderungsbedingt haben die Betroffenen teilweise auch ein vermindertes oder gar kein Gefahrenbewusstsein • Kinder mit FAS haben außerdem ein geringeres Schmerzempfinden • Blaue Flecken und Blutergüsse können auch durch die Gabe von Medikamenten entstanden sein
• Starke Unter- oder Überernährung (wenig Unterhautfettgewebe, Dehydratation)	• Kinder und Jugendliche, die z. B. an FAS leiden, sind häufig sehr dünn. Aufgrund eines geringeren Nahrungsbedarfs verfügen sie über wenig Unterhautfettgewebe, was auch bei verstärkter Nahrungsaufnahme nicht mehr wird
• Mangelnde Körperpflege, verschmutzte/nicht witterungsbedingte Kleidung	• Kinder und Jugendliche mit einer geistigen Behinderung haben teilweise ein geringer ausgeprägtes oder gar kein Hygienebedürfnis. – Wichtig ist hier, zwischen dem Recht auf Selbstbestimmung und körperlicher Hygiene, die zum Erhalt der Gesundheit notwendig ist, abzuwägen.

Checkliste basiert auf Angaben und Ausführungen in:

Sullivan, Patricia / Knutson, John (2000): Maltreatment and Disabilities. A Population-Based Epidemiological Study.
AMYNA (2015): Kindeswohlgefährdungen bei Kindern mit Behinderungen.
Handreichung zur Anwendung des Orientierungskataloges bei Kindeswohlgefährdung bei jungen Menschen mit Behinderungen.

WEITERE ANLAUFSTELLEN/ HILFSANGEBOTE

Einrichtung und Stempel

Formular
Weitere Anlaufstellen/Hilfsangebote

Ansprechpartner „Hilfen im Gefährdungsfall“:

Für den Fall, dass Eltern die Probleme über den Kopf wachsen und sie Hilfe und Unterstützung benötigen, z. B. durch Krankheit, Trennung, Schwierigkeiten in der Erziehung usw. oder bei Verdacht auf Kindeswohlgefährdung innerhalb/ oder außerhalb der Familie, durch Vernachlässigung, Misshandlung, sexuellem Missbrauch o.a., liegen vielfältige regionale und überregionale Hilfsangebote vor, die im Rahmen von Netzwerken zum Kindeswohl zusammengefasst und abrufbe reit sind.

In jedem Kreis und in jeder kreisfreien Stadt gibt es ein Jugendamt, das einen Überblick über die regionalen Beratungs- und Hilfsangebote hat. Speziell ausgebildete Mitarbeiterinnen und Mitarbeiter des Allgemeinen Sozialen Dienstes (ASD) klären, wie Familien in schwierigen Lebenssituationen unterstützt werden können. Daneben gibt es in jeder Region Einrichtungen und Organisationen der Kinder-, Jugend- und Familienhilfe, die telefonisch und vor Ort in den verschiedenen Anlaufstellen vertrauliche Beratung und fachkundige Hilfe anbieten.

Regionale Angebote[1]:

(1)	**Die Jugendämter (Fachbereich Hilfen zur Erziehung)**	**regionale Zuständigkeit**
(2)	**Notfallrufnummer Rettungsleitstelle**	**regionale Zuständigkeit**
(3)	**Notfallrufnummer Polizei**	**110**
(4)	**Feuerwehr, Notarztdienst**	**112**
(5)	**Giftnotruf**	**regionale Zuständigkeit**
(6)	**Kliniken für Kinder- /Jugendmedizin**	**regionale Zuständigkeit**
(7)	**Jugendärztlicher Dienst**	**Gesundheitsamt vor Ort**
(8)	**Hilfen bei häuslicher Gewalt**	**Frauenschutzeinrichtungen vor Ort (über Notfallrufnummer Polizei 110)**
(9)	**Opferhilfe, Wildwasser e.V. Gleichstellungsbeauftragte vor Ort**	**regionale Zuständigkeit, regionale Zuständigkeit**
(10)	**Die Netzwerke zur Förderung –**	**regionale Zuständigkeit – Jugendamt/ Insoweit erfahrene Fachkraft**
(11)	**Kinderschutz-Zentren**	**regionale Zuständigkeit**
(12)	**Schwangeren-/Schwangerschafts- Konfliktberatungsstellen**	**regionale Zuständigkeit**

Überregionale Angebote:

(1)	**Kinder- und Jugendtelefon:**	**0800 111 0 333 (bundesweit kostenlos) 116111 (europaweit kostenlos) Montag – Samstag 14:00 – 20:00 Uhr**
(2)	**Elterntelefon**	**0800 111 0 550 Montag bis Freitag 9:00 – 11:00 Uhr Dienstag/Donnerstag 17:00 – 19:00 Uhr**

[1] Die Übersicht wurde anhand von Praxiserfahrungen und Internetrecherchen zusammengestellt.

Kurzübersicht zu regionalen Anlaufstellen und Hilfsangeboten[1]

Die nachfolgende Aufstellung enthält mögliche Fragen/Probleme und Anlaufstellen zum Thema" Kindeswohlgefährdung". Sie sollte regional und einrichtungsbezogen ergänzt sowie **fortlaufend aktualisiert werden.**

Fragen, Probleme von Familien/ Kindern	mögliche Anlaufstellen (allgemein)	Hilfsangebot vor Ort Kontakt (Telefon, E-Mail)
Erziehungsprobleme	• Jugendamt/ASD • Erziehungsberatungsstellen • Familienbildungsstätten	
Partnerschaftsprobleme, Trennung, Scheidung der Eltern, Konflikte bei der Ausübung des Umgangsrechts	• Jugendamt/ASD • Ehe- und Familienberatungsstellen • Erziehungsberatungsstellen • Familiengericht	
Belastungen bei Alleinerziehenden	• Jugendamt/ASD • Erziehungsberatungsstellen • Alleinerziehenden-Verbände und Initiativen	
Ausbleiben des Kindesunterhalts	• Jugendamt (Unterhaltsvorschuss) • Jugendamt/Fachdienst Rechtliche Interessen	
Erschöpfung des Elternteils, der überwiegend die Kinder erzieht	• Krankenkasse/Eltern-Kind-Kuren • Jugendamt/ASD	
Zeitweiser Ausfall des Elternteils, der überwiegend die Kinder erzieht	• Krankenkassen (z. B. Haushaltshilfe bei Krankenhausaufenthalt) • Sozialamt/ARGE • Jugendamt/ASD	
Soziale Isolation	• Eltern-Kind-Gruppen • Alleinerziehenden-Verbände und Initiativen • Jugendamt/ASD • Beratungsstellen	
Schulden/Überschuldung	• Schuldnerberatungsstellen	

Mietrückstände, drohender Wohnungsverlust	• Sozialamt/ARGE • Wohnungsamt; Einwohnermeldeamt (z. B. Sozialwohnung) • Ordnungsamt	
Suchtprobleme von Eltern/ Kindern	• Suchtberatungsstellen • Angebote zur Suchtprävention • Jugendamt/ASD	
Psychische Erkrankung eines Elternteils	• Sozialpsychiatrische Dienste (Diagnose) • Niedergelassene Fachärzte und Psychologen • Jugendamt/ASD	
Betreuung eines pflegebedürftigen Familienangehörigen	• Pflegekasse (Pflegegeld) • Tagesheime (Tagespflege) • Pflegedienste/Sozialstationen	
Überforderung mit Haushaltsführung, Alltagsbewältigung	• Jugendamt/ASD • Beratungsstellen	
Gewaltprobleme in der Familie; Häusliche Gewalt	• Jugendamt/ASD • Erziehungsberatungsstellen • Notrufe (Soforthilfe) • Beratungsstelle für Frauen und Mädchen • Frauenhäuser • Polizei • Amtsgericht/Familiengericht	
Integrationsprobleme von Migrationsfamilien; (drohende) Abschiebung; Aufenthaltsrecht	• Ausländer-/Aussiedler-Behörde • Sozialberatungsstellen • Migrationsberatungsstellen • Pro Familia • Gleichstellungsbeauftragte • Selbsthilfegruppen und -initiativen	
Schutzmaßnahmen bei Verdacht auf Kindeswohlgefährdung	• Jugendamt/ASD	
Informationen/Daten zum Sozialraum	• Jugendhilfeplanung	
Diagnostik bei Entwicklungs-verzögerungen	• Sozialpädiatrische Zentren • Kinderärzte • Gesundheitsamt	

„Schrei-Babys", „Schrei-Kinder"	• Kinderärzte • Kinderkliniken • Schreibabyambulanz	
Frühförderung	• Frühförderstellen z. B. beim • Fachdienst Gesundheit	
Informationen zu Kinderrechten	• Jugendamt/ASD • Deutscher Kinderschutzbund • Einrichtungen, Dienste und Institutionen der Jugendhilfe	
Schulprobleme	• Schulpsychologische Dienste • Schulsozialarbeit • Kindersorgentelefon • Jugendamt/ASD	
Hilfe für Opfer von Straftaten	• Polizei • Weißer Ring e.V. • Opferhilfe e.V.	

Regionale Übersicht der Netzwerke zum Kindeswohl:

EINRICHTUNG **Name/Anschrift:** **Telefon/E-Mail:** **Ansprechpartner/in:** **Öffnungszeiten:**
Angebote/Zielgruppen (Kinder/Jugendliche/Eltern):
Besondere Schwerpunkte:

1 Zusammengestellt anhand der Erfahrungen und Praxismaterialien der Autoren zum „Kindeswohl".

Merkblatt
Ombudsstellen: Funktion und Arbeitsweise

Einrichtung und Stempel

Gesetzliche Grundlage

Das Kinder- und Jugendstärkungsgesetz (KJSG) sieht eine Ergänzung des SGB VIII im § 9a „Ombudsstellen" vor. Damit ist Kindern, Jugendlichen und Familien eine unabhängige Anlaufstelle zur Beratung in Konflikten mit Fachkräften der Kinder- und Jugendhilfe eröffnet.

Die Idee der Ombudsstellen ist in Deutschland seit Mitte der 50er Jahre realisiert und inzwischen in vielen Institutionen, Bereichen und Unternehmen etabliert.

Der Begriff geht auf das altnordische Wort umboð zurück, das soviel wie „Auftrag, Vollmacht" bedeutet. Es steht für die neutrale und unabhängige Beratung und Vertretung von Personengruppen gegenüber – hier: Institutionen der Kinder- und Jugendhilfe, um ungerechte Behandlung zu verhindern. Sie kommt da zum Zuge, wo Personen(gruppen) aufgrund fehlender „Stimme" zu geringe Einfluss- und Einbringungsmöglichkeiten haben. Dies ist im Bereich der Kinder- und Jugendhilfe wichtig, da zwischen den Betroffenen und den Fachkräften ein strukturelles Machtungleichgewicht herrscht. Die Ombuds-Möglichkeiten bestehen seit einigen Jahren und wurden mit dem KJSG gesetzlich verankert.

Funktion

Ombudsstellen bieten Kindern und Jugendlichen sowie ihren Erziehungsberechtigten die Möglichkeit, bei Konflikten mit Fachkräften der Kinder- und Jugendhilfe Unterstützung zu erfahren. Dabei geht es nicht um Parteinahme, sondern um die Stärkung der eigenständigen Interessenvertretung der Ratsuchenden. Oft fehlt ihnen die Sachkenntnis über Rechte und Verfahrensabläufe, sodass aufgrund dieser Unkenntnis Konflikte und Dissonanzen entstehen können. Oft fehlt ihnen die strukturelle Position, um ihre Interessen angemessen einzubringen und damit am Hilfeprozess konstruktiv und selbstfürsorgsam teilnehmen zu können.

Oft bleiben die Betroffenen ratlos und enttäuscht, weil der Hilfeprozess aus ihrer Perspektive „über ihre Köpfe hinweg" rollt. Ombudsstellen können die Betroffenen aufklären und sie in der Wahrnehmung und Formulierung ihrer Interessen unterstützen.

Arbeitsweise

Ombudsstellen werden nicht proaktiv tätig. Sie entfalten ihre Wirkweise erst nach Anrufen durch Betroffene und agieren auch ausschließlich in Absprache und im Auftrag der Betroffenen. Dabei liegt ihr Augenmerk nicht in der konkreten Vermittlung oder Mediation, sondern in der Stärkung und Beratung der Betroffenen selbst. Diese treten dann im Idealfall eigenverantwortlich im aufgebrochenen Konflikt auf. Damit werden Resignation und Ohnmachtsempfinden der Betroffenen gemindert. Die Erfahrung, für seine Interessen einstehen zu können und Selbstwirksamkeit zu erleben, stärkt sie in ihrer Persönlichkeit und hat so einen positiven Effekt auf den gesamten Hilfeprozess.

Bundesnetzwerk Ombudschaft

Zur Festschreibung von Standards und Zielsetzungen hat sich das Bundesnetzwerk Ombudschaft gegründet. Hier werden grundlegende Leitlinien festgelegt, die handlungsleitend für alle Ombudsstellen hinsichtlich der Kinder- und Jugendhilfe sind.